SÉRIE CORAÇÃO DE UMBANDA

UMBANDA É DEUS CONOSCO
FUNDAMENTO E TEOGONIA DE UMBANDA
Volume 1

CB055170

SÉRIE CORAÇÃO DE UMBANDA

Tata Lobo
Ditado por Pai Benedito de Aruanda

SÉRIE CORAÇÃO DE UMBANDA

UMBANDA
É DEUS CONOSCO
FUNDAMENTO E TEOGONIA DE UMBANDA
Volume 1

LEGIÃO

1ª edição / Porto Alegre-RS / 2017

Capa e projeto gráfico: Marco Cena
Revisão: Sandro Andretta
Coordenação editorial: Maitê Cena
Produção editorial: Bruna Dali e Maiara Morbene
Assessoramento gráfico: André Luis Alt

Dados Internacionais de Catalogação na Publicação (CIP)

T216u   Lobo, Tata
         Umbanda é Deus conosco: fundamento e teogonia de Umbanda. / Tata
    Lobo. – Porto Alegre: BesouroBox, 2017.
        184 p.; 16 x 23 cm

        ISBN: 978-85-5527-045-1

        1. Religião afro-brasileira. 2. Umbanda. 3. Fundamentos. 4. Mediunidade.
    I. Título.

Bibliotecária responsável Kátia Rosi Possobon CRB10/1782

Direitos de Publicação: © 2017 Edições BesouroBox Ltda.
Copyright © Tata Lobo, 2017.

Todos os direitos desta edição reservados à
Edições BesouroBox Ltda.
Rua Brito Peixoto, 224 - CEP: 91030-400
Passo D'Areia - Porto Alegre - RS
Fone: (51) 3337.5620
www.besourobox.com.br

Impresso no Brasil
Fevereiro de 2017

SUMÁRIO

Agradecimentos 7
Apresentação 9
Prefácio do autor 13
Palavra do autor espiritual 17
Palavra do coautor espiritual 19

PRIMEIRA PARTE

Capítulo 1 - A fundação da Umbanda
na dimensão física 23

Capítulo 2 - O fundamento da
religião de Umbanda 33

Capítulo 3 - Compreendendo o fundamento
As sete contemplações fundamentais 35

Capítulo 4 - Teologia de Umbanda
Teologias, doutrinas, vertentes ou práticas de umbanda 39

Capítulo 5 - Deus e a Gênese 43

Capítulo 6 - Como se forma nosso eledá? Nossa coroa?
Nosso orixá ancestral, de frente e de adjunto? 61

SEGUNDA PARTE

Orixás de Umbanda ou Sete Linhas 66

ORIXÁS

Exu 73
Bombo-Gira 78
Oxumaré 81
Oxum 83
Ibeji 85
Idoú 88
Omulú 90
Iemanjá 92
Oxóssi 94
Ewá 97
Ossaim 99
Maeleô 102
Dankó 106
Mãe Ikú 109
Iansã 111
Ogum 113
Olossá 116
Oxalá 119
Afefê 121
Ayan 125
Xangô 127
Obá 129
Nanã-Buroquê 131
Obaluaê 134

Olokun 136
Mãe Iyami-Ajé 139
Dangbé 141
Omilaré 143
Akueraram 145
Konlá 147
Onirá 148
Irôko 150
Oroiná 152
Orungã 153
Aganju 154
Otin 157
Alufan 158
Akurá 160
Ayrá 162
Sinsirá 163
Okô 164
Funan 167
Xapanã 168
Sobá 169
Comunhão íntima
com as Sete Linhas 170
Anexos 179

Agradecimentos

"Bem-aventurados os pacificadores, porque serão chamados filhos de Deus." Jesus Cristo

Posso, agora, assim como uma criança que teve a mão solta para atravessar a rua sozinha, ver como estão operando meus olhos, coração e mãos após ser inundado com um presente desta grandeza e que hoje divido com vocês.

Agradeço a Deus, que sequer podemos rascunhar mentalmente em contemplação tamanha divindade que a tudo permeia e que a nós, de forma atemporal, vem como prova de que Olorum é de grandeza inomeável e impossível de ser apontado um único semblante. Mesmo assim, não há um grão desta terra em que não o vejamos claramente como o Todo manifestado, a começar por mim.

Agradeço a minha família, meus irmãos de corrente, a todos os mestres que cruzaram meu caminho e a meus amigos, a todos vocês de ambos os lados da vida, o meu muito obrigado pela confiança e profunda paciência.

Tata Lobo

Apresentação

Querido(a) leitor(a), é de grande valia compreendermos que o fundamento da religião de Umbanda trata-se de um chamado para uma vida verdadeiramente vivida e não apenas sobrevivida.

Uma vida vivida é uma vida com significado amplo, com propósito realista, significado e propósitos que o Sr. Caboclo das Sete Encruzilhadas, em 15 de novembro de 1908, nos convidou a plenos pulmões afirmando que em cada montanha que circulava Neves haveria uma trombeta anunciando a nova religião que estaria trazendo naquele momento, a Umbanda, a manifestação do espírito para a prática da caridade.

Caridade na Umbanda é amor fraterno engajado; amor fraterno sendo a união de amor e fraternidade; amor sendo a consciência de incluir o próximo sem pré-requisitos, tendências ou condições, em uma dimensão de interesse altruísta, onde o bem comum, em especial o do próximo, é a preciosidade de maior quilate; em outras palavras, amar é incluir.

Um coração amplo e poderoso, que se relaciona com tudo de maneira madura, traz para perto tudo e todos, independente da situação em que se encontram. E é estando com o outro perto de nosso coração que manifestamos fraternidade ou espírito fraternal, a consciência que vê o sofrimento no próximo, sofrimento de diferentes níveis, das mais sutis insatisfações e tristezas até as dores mais lancinantes. Por meio da fraternidade aspiramos do fundo de nosso coração inabalável, por estar imune a preferências, carências e rejeições, o fim do sofrimento daqueles que agora fazem parte de nossa vida, todos os espíritos, encarnados ou desencarnados, independente da cara que tenham, zangados ou alegres, humanos ou não humanos. O amor fraterno, união de amor e fraternidade, amadurece naturalmente ao movimento de amparar; eis a caridade umbandista.

É apenas estando com o outro próximo de nosso coração, vendo seu sofrimento e aspirando-o, que conseguimos ampará-lo nos braços, assim como fez Nossa Senhora da Piedade com Jesus Cristo e reificou o missionário Caboclo, que seria a função principal da religião de Umbanda amparar nos braços as famílias do mundo. O amor fraterno nos pede uma dimensão profunda de Sabedoria para poder ser verdadeiramente manifestado, sabedoria genuína, divina, aquela que não é mundana, que vem de um lugar além de nossas historinhas umbralinas, seja para conosco ou os outros, além de autocentramento, além de confusão, de incompreensão. Esta Sabedoria na religião de Umbanda vem das consciências divinas inseparáveis de Deus, os prismas D'ele, suas expressões, os Pais e Mães Orixás.

Esta é a função principal deste livro, explicar o que é a religião de Umbanda de forma profunda e sem dogmas, sem buracos, sem maquiagens, o que é e o que faz, por que vestimos o branco, qual a necessidade e para quê entramos em transe, qual a aspiração do umbandista, qual o chamado que os guias nos fazem, quais habilidades do coração e da mente necessitamos cultivar, o que nos espera lá fora no mundo físico e extrafísico, bem como o que já nos espera há muito tempo dentro de nosso peito.

"Não existe Amor Fraterno sem Sabedoria, não existe Sabedoria sem Amor Fraterno", já dizia Pai Benedito de Aruanda, nosso implacável e profundamente amável mentor, o Preto-Velho que nos dirige, nos orienta, nos ditou uma Teologia de Umbanda além da noção de vertente ou separatismo – Teologia de Umbanda para o mundo e não apenas para os umbandistas, Teologia para os crentes e descrentes, uma Teologia que convida a contemplação crítica além de crenças cegas, que nos dá segurança e maravilhas dentro e fora da religião, dentro e fora desta dimensão.

São esses ensinamentos preciosos que dividiremos com vocês na série *Coração de Umbanda*, que se inicia com este primeiro volume, que explica o fundamento da religião de Umbanda e das Sete Linhas, o infinito manancial de Sabedoria, Amorosidade Fraterna, Maturidade, Deleite, Bem-aventurança e Axé, independente de velas, de mediunidade, de crença ou habilidades superiores, bastando o entusiasmo e a energia bem direcionados para que possamos ver, aprender, aprofundar e regozijar com o Divino que jaz em cada um e que a Umbanda, desde a sua primeira sessão, estende a todos aqueles que estão dispostos a ir além de suas preferências e ao encontro das necessidades verdadeiras e latentes, suas e dos outros, ou seja, a missão da Umbanda.

Este é um livro para comungar com o Divino, para que através do infinito Deus, juntamente com suas infinitas expressões, Sete Linhas, aqui disponibilizadas em uma Teogonia de 88 Pais e Mães Orixás, aprendamos como manifestar amor fraterno, a fim de cumprir exatamente o que deveríamos fazer: nos manifestar no mundo, nós mesmos e nossos guias, para a prática da caridade realista e umbandista.

Prefácio do autor

A *Tábua Coração* – nosso pilar teológico, chamado assim carinhosamente por ser humilde tábua sustentadora de nossa igreja interna e externa, apresentada publicamente como Série Coração de Umbanda, ditada e coordenada por Pai Benedito, dividida em três volumes *(Umbanda é Deus conosco, O Divino florescer e Caridade além vidas)* – é uma forma lúcida e fraterna de praticar a religião de Umbanda. Possui o intuito de somar com o movimento umbandista de divulgação e difusão da religião, apresentando-a em uma forma íntima e fundamentada para que o público em geral sinta e tome posse do que os umbandistas já sabem há mais de um século: que a religião de Umbanda é espiritualidade sem fronteiras e inteligente em todos os aspectos, configurando-se como uma religião brasileira de cunho mediúnico estabelecida em profunda sabedoria divina e meios hábeis assertivos para a realização do amparo em ambos os lados da vida.

Pai Benedito nos ilumina com uma forma de estudar e comungar com a religião de Umbanda, dá nascimento a mais uma teologia da religião, bem como uma ciência de como praticá-la a partir do princípio da descrença, em que não se faz necessária a crença cega ou simples concordância doutrinária, fazendo com que estas obras sejam um substrato lúcido para o presente e o futuro não só da religião de Umbanda, mas para todos que aspiram a uma comunhão realista com a espiritualidade com ou sem fenômeno mediúnico, por meios religiosos ou não.

Pelo portal www.umbandasemfronteiras.org dividimos com o público a teologia de Umbanda que aprendemos e que facilitam a compreensão desta religião. A Umbanda é, desde sua fundação, uma religião inteligente, útil e benéfica para todas as pessoas, independente de sua fé, se fundamentando pela "manifestação do espírito para a prática da caridade", através da organização sofisticada das dimensões sutis de existência se apresentando em equipes de amparo conhecidas como linhas de trabalho, em comunhão com as consciências divinas e o fenômeno mediúnico, norteada pela característica principal "a prática da caridade no sentido do amor fraterno" e alicerçada em suas qualidades intrínsecas "amor, humildade e caridade".

No portal, temos um curso-base de 12 grandes aulas, divididas em 130 blocos-vídeo em um conteúdo totalmente gratuito, chamado Graduação em Teologia de Umbanda, que aborda a religião de Umbanda com grande profundidade em toda a sua complexidade de forma não dogmática ou revelatória. Primeiramente, dividimos nossa experiência com os irmãos do Brasil, mas já estamos programando as fundações para que o curso seja gravado em inglês. O formato acadêmico de nossa instituição é um processo de estudo que troca o aleatório e independente pelo dinâmico e inteligente.

Os demais cursos oferecidos são integrados e desenhados de forma hábil para a fixação do conteúdo teológico. Eles existem com o intuito de angariar recursos para nossas atividades religiosas, principalmente os diversos projetos sociais e religiosos que temos em papel, mas que sem a disposição de valores se tornam desafios ainda a serem conquistados. A abertura de um templo de Umbanda é, em nossa visão, uma perfeita ação social e humanista que pode ser proporcionada à comunidade, tendo em vista que uma vida lúcida e fraterna é o necessário para que possamos avançar em progresso no *continuum* de experimentações na carne que realizamos há milênios sem aparente progresso estável, profundo e irreversível, bastando assistir aos noticiários para que cheguemos a esta conclusão.

É chegada a hora de a comunidade avançar ainda mais na compreensão do que é Umbanda. Nossa contribuição faz parte de muitas outras que já têm sido feitas por mestres de Umbanda como Matta e Silva, Norberto Peixoto e Rubens Saraceni.

Não nos configuramos nem nos identificamos com nenhuma vertente terrena, somos religião de Umbanda, praticantes, estudantes, críticos e contemplativos da religião.

Damos total liberdade e transparência para que todo e qualquer conteúdo técnico aqui compreendido possa ser utilizado na melhor forma que a liberdade lúcida e a disposição mental de cada um, nos mais diversos terreiros, vertentes, centros de fenômeno mediúnico ou não, espiritualistas, espíritas ou não, ocidentais ou não, possam aproveitar.

A religião de Umbanda veio para amparar a todos nos braços, assim como fez a santíssima Nossa Senhora da Piedade – não há nada tão Umbanda quanto isso. "Umbanda tem fundamento, é preciso preparar". Como diria Caboclo Mirim, "Umbanda é coisa séria, para gente séria", que quer fazer coisa séria para ajudar em casos sérios, de sofrimento sério. Seriedade não vem com tentativa de ser sério, seriedade vem de amor fraterno e sabedoria, estes só vêm de visão divina, aspiração divina e axé divino, e isso é o que a religião de Umbanda mais tem a ofertar ao mundo.

Salve as Sete Linhas!

Salve o Caboclo das Sete Encruzilhadas!

Salve Pai Antônio!

Salve todas as vertentes e tendas de Umbanda!

Salve o amor, a humildade e a caridade!

Tata Lobo, um médium de Umbanda.

Palavra do autor espiritual

"Deus, tu és a luz, tu és a sombra, tu és tudo que vai e vem do nada;

Deus, eu te vejo, no céu, no mar, no fogo e na mata;

Olorum, Olorum, salve o Pai de todos Olorum;

Aqui, ele está, ele vem pra amparar nosso congá."

Benedito, o negro santo, por caridade circulava as úmidas ruas em busca de prantos e daqueles que teto não tinham, roupa não tinham, pão não tinham, saúde não tinham e em meio às sofridas trevas viviam. A religião de Umbanda o mesmo faz, em escala maior, frente a condições piores e em dimensões diversas. "O mundo pediu a Umbanda, a Umbanda foi ao mundo. A crosta pediu a Umbanda, a Umbanda foi à crosta."

Que este e os demais livros de nossa autoria possam lhe ser úteis. Caso desconforto lhe gerarem, aproveite, pois trata-se de um chamado à contemplação crítica. Se benefícios não lhe gerarem, descarte-os sem cerimônia. Se boas flores lhe produzirem, divida-os com todos aqueles que queiras bem, independente de religião ou crença.

Lucidez, amor fraterno e vida longa a você e a todos que seus sentidos físicos e extrafísicos tocarem.

Cidadela Novo Mundo, Bosque de Aguertha, neste maravilhoso dia nublado, em minha casa de pedra e barro com teto de palha, de pito brilhando e café esquentando.

Pai Benedito de Aruanda, 4 de agosto de 2016.

Palavra do coautor espiritual

A trombeta do céu tocou ecoando o verbo para repovoar estas terras que hoje habitamos e que sempre, por um tanto, repousam na espera do movimento daquele que no centro da galáxia nos brilha de tempo em tempo. Nada disso importa quando a boca fica torta de tanto chorar, é tempo de com aconchego abraçar os irmãos dos templos da Umbanda que vêm para ficar.

Deixo aqui meu abraço dado, a vocês de todo lado, nesta bela vida de milagres que sempre me faz amar. Amar um ao outro é nossa sina, bela vida vespertina que o Alto vem para ajudar.

Despeço-me com um abraço, de um amigo falangeiro que veio para feitiçar.

Agora aqui assino esta obra que também trago, *Tábua de educandário.*

Saibam vocês que lá do alto eu trago coloridas flores para lhes presentear a ti, Robson triliantes; sob a luz do luar lhe trago claros brilhantes, pois com teus Tambores o coração de meu médium fez tocar.

Edifício 323, da Rua dos Alfaiates, em frente à humilde praça fundada pelos ruivos relojoeiros, Metrópole Aruanda, 16 de dezembro de 2014.

Azgog Pifus Cornelium Mithrael, um alquimista de Umbanda, guardião da paz – espírito.

CAPÍTULO 1
A FUNDAÇÃO DA UMBANDA NA DIMENSÃO FÍSICA

Zélio de Moraes, após ter completado seu treinamento na dimensão astral no nível suficiente para ser o médium missionário e principal desbravador da religião de Umbanda na dimensão física, encarna, juntamente com muitos outros espíritos que tiveram o mesmo treinamento e que dariam rumo à religião como um único organismo. Zélio encarnou, alimentou-se de carinho e cuidado de seus pais, saindo do ventre de sua mãe para os braços da família terrena no dia 10 de abril de 1891, no distrito de Neves, município de São Gonçalo, Rio de Janeiro.

Com 17 anos, apresentou sintomas de eclosão de sua mediunidade ostensiva, tendo o que sua família chamava de "ataques" ao falar como um idoso e por vezes se portar como um índio. Não achando solução para o aparente problema, procuraram apoio de seu tio, Dr. Epaminondas de Moraes, diretor do Hospício de Vargem, chamado Colônia dos Alienados, sendo internado para tratamento. Sem resultado, é liberado após alguns dias de análise com total incompreensão do que estava havendo, considerando-se, inclusive, influências espirituais perturbadoras.

Após ter sido liberado do hospício, a família de Zélio, acreditando haver uma influência demoníaca no jovem, o levou a um padre amigo que o exorcizou duas vezes. Em uma delas, o rito fora proferido por mais de um padre e, assim como ocorreu no tratamento com seu tio, não se obteve resultado.

Dias se passaram sem nada alterar os estranhos "ataques", até que Zélio sofreu paralisia repentina que o deixou acamado de maneira que nenhum médico pôde diagnosticar o ocorrido, nem tratá-lo com efetividade. Passada a paralisia, ele diz: "Amanhã estarei curado". No exato dia seguinte, Zélio começou a andar como se nada tivesse acontecido. Nenhum médico soube explicar nem o que o levou a sofrer paralisia e menos ainda como se curou e se recuperou da forma como ocorrera.

Zélio foi encaminhado a uma benzedeira, Dona Cândida. Tal senhora que incorporava Tio Antônio, lhe teria dito possuir missão importante, e que seus fenômenos anormais se tratavam de mediunidade. A partir dessa orientação espiritual, sua família o levou à Federação Espírita de Niterói, em 15 de novembro de 1908.

Lá chegando, Zélio e sua família foram convidados a sentar à mesa mediúnica por José de Souza, presidente da instituição. Após acomodarem-se, Zélio levanta-se dizendo que ali faltava uma flor. Em oposto às regras da sessão mediúnica, ele se levanta, vai até o jardim da Federação, retorna com uma rosa branca em mãos e a coloca no centro da mesa mediúnica, causando um clima de anormalidade, seguido de desconforto nos presentes e uma pequena confusão que termina com a incorporação de um espírito em Zélio, o Caboclo das Sete Encruzilhadas. Juntamente com a incorporação em massa de Pretos-Velhos e Caboclos nos médiuns da Federação que, mesmo advertidos pelo presidente coordenador da atividade a não receberem tais espíritos, os incorporaram e ali permaneceram, até que o espírito do Caboclo incorporado em Zélio, um menino de 17 anos, perguntou: "Por que repelem a presença dos citados espíritos, se nem sequer se dignaram a ouvir suas mensagens? Seria por causa de suas origens sociais e sua cor?".

Ao que Sr. José de Souza responde: "Por que o irmão fala nesses termos, pretendendo que a direção aceite a manifestação de espíritos que, pelo grau de cultura que tiveram quando encarnados, são claramente atrasados? Por que fala desse modo, se estou vendo que me dirijo neste momento a um jesuíta e a sua veste branca reflete uma aura de luz? E qual o seu nome, meu irmão?".

Sr. Caboclo das Sete Encruzilhadas: "Se julgam atrasados os espíritos de pretos e índios, devo dizer que amanhã estarei na casa deste aparelho para dar início a um culto em que estes pretos e índios poderão dar sua mensagem e, assim, cumprir a missão que o plano espiritual lhes confiou. Será uma religião que falará aos humildes, simbolizando a igualdade que deve existir entre todos os irmãos, encarnados e desencarnados. Se querem saber meu nome, que seja este, Caboclo das Sete Encruzilhadas, porque, para mim, não existirão caminhos fechados. Venho trazer a Umbanda, uma religião que harmonizará as famílias e que há de perdurar até o fim dos tempos".

Sr. José de Souza: "E o meu irmão vai acreditar que tenha alguém lá amanhã?".

Sr. Caboclo das Sete Encruzilhadas: "Botarei no cume de cada montanha que circula Neves uma trombeta tocando, anunciando a existência de uma tenda onde o Preto e o Caboclo podem trabalhar".

Sr. José de Souza, em diálogo, indaga se já existem religiões suficientes, fazendo menção ao Espiritismo.

Sr. Caboclo das Sete Encruzilhadas: "Deus, em sua infinita bondade, estabeleceu, na morte, o grande nivelador universal. Rico ou pobre, poderoso ou humilde, todos tornam-se iguais na morte, mas vocês, homens preconceituosos, não contentes em estabelecer diferenças entre os vivos, procuram levar estas mesmas diferenças até mesmo além da barreira da morte. Por que não podem nos visitar estes humildes trabalhadores do espaço, se apesar de não haverem sido pessoas importantes na Terra, também trazem importantes mensagens do além? Por que o não aos Caboclos e Pretos-Velhos? Acaso não foram eles filhos do mesmo Deus? Amanhã, na casa onde meu parelho mora, haverá uma mesa posta a toda e qualquer entidade que queira ou precise se manifestar, independente daquilo que haja sido em vida. Todos serão ouvidos, nós aprenderemos com aqueles espíritos que souberem mais, ensinaremos àqueles que souberem menos e a nenhum viraremos as costas, a nenhum diremos não, pois esta é a Vontade do Pai".

Sr. José de Souza: "E que nome darão a esta igreja?".

Sr. Caboclo das Sete Encruzilhadas: "Tenda Nossa Senhora da Piedade, pois da mesma forma que Maria amparou nos braços o filho querido, também serão amparados os que se socorrerem na Umbanda. Levarei daqui uma semente e vou plantá-la nas Neves, onde ela se transformará em árvore frondosa".

No dia 16 de novembro de 1908, na rua Floriano Peixoto, número 30, no distrito de Neves, município de São Gonçalo, Rio de Janeiro, aproximando-se das 20 horas, segundo Zélio, se fizeram presentes enfermos, deficientes físicos, cegos, doentes mentais que se revelaram médiuns excepcionais e que foram curados e integrados às atividades da casa, bem como os membros da Federação Espírita, parentes, vizinhos, amigos e curiosos, verdadeira multidão de desconhecidos se encontrava dentro de sua casa e na rua. Tal relato era confirmado por todos que lá estiveram.

Pontualmente, às 20 horas, o Caboclo das Sete Encruzilhadas incorporou e, usando as seguintes palavras, iniciou o culto: "Aqui inicia-se um novo culto em que os espíritos de pretos-velhos africanos e os índios nativos de nossa terra poderão trabalhar em benefício dos seus irmãos encarnados, qualquer que seja a cor, raça, credo ou posição social. A prática da caridade, no sentido do amor fraterno, será a característica principal deste culto, que terá Cristo como seu maior mentor".

Em seguida, o Caboclo se dirigiu a um cego, curando-o, e então a um paralítico, dizendo: "Se tens fé, levanta, que quando chegardes a mim, estarás curado".

O paralítico se levanta e tem sua cura finalizada por Pai Antônio se manifestando em Zélio, o primeiro Preto-Velho a se manifestar na Umbanda. De forma muito simples, sai da mesa mediúnica e senta no cantinho da sala. Com muita inocência e humildade, aquele senhorzinho acabara de tocar o coração de todos. Ao ser perguntado do porquê não se sentava à mesa, ele diz: "Nego num senta não, meu sinhô, nego fica aqui mesmo. Isso é coisa de sinhô branco i nego deve arrespeitá".

Com comoção, insistem e ele diz: "Num carece preocupa, não, nego fica no toco que é lugá di nego".

Ao ser perguntado sobre seu nome, ele disse que se chamava Tonho. O magnetismo de sua presença trouxe todos a seu íntimo. Perguntaram-lhe como havia sido sua morte e ele explicou que, sendo já um velhinho, teria ido buscar um feixe de lenha para si próprio. Sentiu um profundo cansaço, encostando-se no tronco de uma árvore. Ali adormeceu e de nada mais se lembrava.

Todos, sensibilizados com a aparência e o jeito do velhinho, que no corpo do jovem Zélio parecia surreal, lhe perguntaram se tinha saudade de alguma coisa que havia deixado na Terra. Ele responde que a única coisa que era sua e que não pertencia ao seu senhor era seu pito, e disse: "Minha cachimba, nego qué o pito que deixou no toco... Manda muréque buscá".

Todos, anestesiados e perplexos com o vô Tonho, sem cachimbo, nada puderam fazer. Na semana seguinte, muitos guardaram no coração o pedido do velhinho, fazendo com que na próxima sessão houvesse incontáveis cachimbos de todos os tipos e tamanhos. Muitos, inclusive, trazidos por médiuns afastados de centros kardecistas e da Federação de Niterói, por terem permitido a incorporação de índios e pretos. Estes buscavam no seio da Tenda Nossa Senhora da Piedade o caminho para suas vidas e mediunato em uma linda história que hoje já conta com 108 anos e se multiplicou como um grande jardim, colorindo os quatro cantos da pátria Brasil e alguns locais no mundo.

No dia 16 de novembro, Pai Antônio, além de anunciar o primeiro elemento de trabalho na Umbanda, também introduz as Sete Linhas de Umbanda, o uso da guia e transmite o primeiro ponto cantado da religião: "Chegou... Chegou... Chegou... Com Deus... Chegou... Chegou... O Caboclo das Sete Encruzilhadas...".

A cura do cego e do paralítico, a alegria do pitar o cachimbo e os ensinamentos lúcidos do Caboclo tornam-se os primeiros milagres e maravilhas da religião.

Os anos passam e o Caboclo das Sete Encruzilhadas fica conhecido pela sua habilidade ímpar de curar loucos. Devido ao alto índice de acertos, médicos de inúmeros sanatórios enviavam listas de internos para saber quais eram de fato loucos, quantos eram médiuns para serem levados à sessão do centro de Umbanda e quantos o Caboclo curaria.

Conta Dona Zilméia, filha de Zélio, que a fama era tão grande que, quando a polícia prendia alguém descontrolado, levava a Zélio para saber se era louco ou obsediado. "Ele não tinha horário, às vezes duas ou três horas da manhã, a polícia batia à porta da casa de

Zélio". Ela afirma que certo dia foram enviados três descontrolados de uma única vez.

Leal de Souza, o primeiro escritor da Umbanda, retrata que certa vez estava na Tenda Nossa Senhora da Piedade, ao lado de uma recém curada de tuberculose pelo Caboclo e de um ex-lunático fugido do hospício, que no mesmo dia teria sido curado, pelo Sr. Caboclo das Sete Encruzilhadas, o que em verdade se tratava de obsessão ferrenha de dois espíritos.

Orixá Malet, falangeiro de Ogum, que começou a trabalhar em 1913, com Zélio, e introduziu as ponteiras de ferro nos pontos riscados, era também renomado para trato com magia negativa e obsessões. Em sua última encarnação, Orixá Malet fora emitente sacerdote malaio que levou o Islã para além de seu país. Foi ele que, ao tratar com um incrédulo chamado João Severino Ramos, que viria a ser o fundador de uma das tendas dissidentes da Tenda Espírita Nossa Senhora da Piedade – Tenda Espírita São Jorge –, ao fazer sua primeira visita a Zélio, em Cachoeiras de Macacu, pediu provas para crer no fenômeno, pois era muito cético. Orixá Malet pega uma pedra e lhe acerta no meio da testa, tombando o Sr. Ramos dentro do rio. Quando os presentes foram acudi-lo, o falangeiro os proibiu de auxiliá-lo, pois voltaria sozinho. Passando poucos minutos, Sr. Ramos vem a passo de dentro do rio Macacu, já incorporado do Ogum Timbiri, guia que coordenaria a futura Tenda.

Esses fenômenos ocorreram diversas vezes, a exemplo do policial delegado do distrito de Neves, Sr. Paula Pinto, que vinha fechando as tendas de Umbanda na época de perseguição religiosa no Brasil. Na ocasião de sua ida à Tenda Espírita Nossa Senhora da Piedade, entrou com a licença de Pai Antônio. Ao dar dois passos, desabou seu corpo grande e forte no chão, totalmente inconsciente. A menina Zilméia pergunta a Pai Antônio o que fazer e este diz para esperar o homem se levantar. Minutos depois, o delegado acorda, zonzo, conversa longamente com Pai Antônio, se torna um grande amigo de Zélio e assíduo frequentador do templo.

O Sr. Caboclo, 10 anos depois da fundação da Tenda Espírita Nossa Senhora da Piedade, deu o comando para que se abrissem mais sete tendas, sendo elas as Tendas Nossa Senhora da Conceição, Nossa Senhora da Guia, Santa Bárbara, São Pedro, São Jorge, São Jerônimo e Oxalá.

Com mais de dez mil tendas formadas, Zélio desencarnou em 3 de outubro de 1975, com 84 anos de idade e 67 de trabalho missionário, retornando à dimensão astral com sua missão cumprida. Seu paradeiro atual é um mistério, não se sabe se encarnado ou desencarnado; se desencarnado, em qual dimensão, se neste orbe ou em outro, embora creiamos que seja neste, porque a obra para cujo nascimento contribuiu ainda está recém engatinhando e jovialmente desabrochando para o infinito manancial de possibilidades de amparo neste planeta.

Sobre o nome Umbanda

"Na Federação, ele (Caboclo das Sete encruzilhadas) procurou um nome que trouxesse Umbanda; então pensou primeiro em árabe, era Alá – que é Deus – Banda.

Então ele disse: Vamos procurar em grego, Aum – Deus – Banda, Deus Conosco, Deus do nosso lado."

Aparentemente, Zélio se confundiu com a origem da palavra AUM, que não é grega, e sim sânscrita. O nome da religião como Alabanda teria sido apontado para Zélio como uma possibilidade para não haver confusão com a palavra Umbanda angolana e, ao mesmo tempo, fazer uma homenagem ao Orixá Malet, que viria trabalhar no futuro, porém fora apenas uma possibilidade. Alguns autores dizem que se chegou a usar, outros dizem que não, o que importa é que o nome da religião na dimensão física é Umbanda.

Temos a informação de que o nome da religião na dimensão astral é Aumbandhã, e que desde que ela se estendeu à dimensão física, para não haver confusão, é também usado o nome Umbanda, que significa a mesma coisa: Deus Conosco.

CAPÍTULO 2
O FUNDAMENTO DA RELIGIÃO DE UMBANDA

A religião de Umbanda possui seu fundamento retificado pela característica que o define e suas qualidades intrínsecas, todos trazidos pelo fundador da religião, o Sr. Caboclo das Sete Encruzilhadas.

O fundamento é "A manifestação do espírito para a prática da caridade", um fundamento muito amplo e sem característica apreciável no primeiro contato. Fora reificado pelo fundador da religião ao afirmar "A prática da caridade no sentido do amor fraterno será a característica principal deste culto". Anos depois, também reificando de forma muito hábil e sofisticada, colocou as três qualidades que permitem explicar o fundamento da religião, apontando a tríade "Amor, Humildade e Caridade".

O fundamento – A manifestação do espírito para a prática da caridade

Em contato com a Tenda Espírita Nossa Senhora da Piedade, em 2 de agosto de 2016, nos foi informado que não se tem certeza se este fundamento foi dito pelo Caboclo no dia 15 de novembro, quando anunciou a religião, ou no dia 16, na primeira sessão, quando também apontou as diretrizes do culto. Didaticamente consideramos o segundo dia, pois em 16 de novembro de 1908, na primeira sessão de Umbanda, o Caboclo explicou o nível de caridade que a religião de Umbanda exercitaria, dizendo que a prática da caridade no sentido do amor fraterno seria a característica principal do culto. Assim, por associação, supomos ser neste mesmo dia em que introduziu a manifestação do espírito para a prática da caridade como sendo seu fundamento.

A característica principal que a define

Anunciada pelo Sr. Caboclo, em 16 de novembro de 1908, às 20 horas, a característica principal que a define é a prática da caridade no sentido do amor fraterno.

Suas qualidades intrínsecas

Anunciadas pelo Sr. Caboclo inúmeras vezes, e registradas por Zélio, sua família e frequentadores da Tenda Espírita Nossa Senhora da Piedade, as qualidades intrínsecas da Umbanda são Amor, Humildade e Caridade.

CAPÍTULO 3

COMPREENDENDO O FUNDAMENTO
As sete contemplações fundamentais

Contemplação 1: Amor

Amor é uma consciência de inclusão altruísta e equânime. Amar é incluir a todos em nosso coração de forma igual, sem pré-requisitos, tendências ou condições, em uma dimensão de interesse altruísta. A forma introdutória hábil de manifestar tal consciência é relacionar-se com a positividade da natureza e dos seres, com as qualidades positivas, a união de hábitos positivos e ações positivas, a consciência de vê-las e regá-las.

Não podemos confundir o amor com a relação de troca por carência, preferência e aversão, usualmente realizada por familiares, amigos ou casais em um romantismo mundano neste nosso mundão de Umbral, pois tal coisa não é e nunca foi amor.

Não existe amor, a não ser amor, isso é óbvio, mas por haver tanta confusão é que hoje existem os termos amor genuíno ou amor verdadeiro para lembrar que o outro não é amor, e sim um sentimento de agrado e apropriamento, operado por um sistema de troca para suprir carência, abastecido justamente pela ausência de amor e dinamizado por preferências e aversões.

Contemplação 2: Espírito fraternal ou fraternidade

Fraternidade é um termo ocidental que é sinônimo de compaixão; vem do "espírito fraternal" tão divulgado no começo do século passado pelos irmãos espíritas e cristãos na época da fundação da religião de Umbanda.

Espírito fraternal ou espírito compassivo é a consciência de ver o sofrimento do próximo e aspirar a que ele cesse.

Zélio de Moraes, em entrevista ao escritor J. Alves de Oliveira, em 1974, um ano antes de seu desencarne, afirma que nas quintas-feiras, às 20 horas, o Sr. Caboclo das Sete Encruzilhadas realizava a doutrina do culto, sempre focado na fraternidade e humildade e realizando citações do Evangelho.

Contemplação 3: Amor fraterno ou bondade

Amor Fraterno ou bondade é a união de amor e fraternidade, pode ser a distância, apenas em aspiração interna.

Contemplação 4: Caridade

O amor Fraterno engajado no mundo é Caridade.

Contemplação 5: A manifestação do espírito para a prática da caridade

O fundamento da religião de Umbanda – "A manifestação do espírito para a prática da caridade" – é manifestar nosso espírito, juntamente com os de nossos guias, afinal, também somos umbandistas, e não só os guias, para a prática da caridade umbandista, que cintila o sentido mais amplo e elevado da expressão amor fraterno.

Esta contemplação simples nos faz ver de forma bem diferente daquela que é vista por alguns irmãos de dentro e de fora da religião: "A manifestação de um espírito desencarnado em um médium, através do fenômeno mediúnico de incorporação, para a realização de tratamento sem cobrança financeira".

Não podemos confundir o Fundamento da Umbanda com o fenômeno mediúnico, meio majoritariamente participante na operacionalização do amparo na religião de Umbanda.

Contemplação 6: A prática da caridade no sentido do amor fraterno será a característica principal deste culto

A prática da caridade no sentido do amor fraterno dita pelo Caboclo das Sete Encruzilhadas no discurso da primeira sessão de Umbanda serve teologicamente para que não haja erro com relação ao nível de caridade que ele está retratando. A caridade de Umbanda é profunda, sofisticada, de nível consciencial e moral salutar, é pura, genuína, verdadeira. Não se resume apenas a alguns resultados que advêm dela, como doações e tratamento espiritual sem cobrança.

Contemplação 7: Amor, Humildade e Caridade

A tríplice Amor, Humildade e Caridade fora dita inúmeras vezes pelo próprio Caboclo das Sete Encruzilhadas à família de Zélio Fernandino de Moraes e comunidade com o intuito de elucidar aqueles que não entenderam o fundamento da religião de Umbanda.

Sem humildade, não conseguimos ver nada a não ser o nosso umbigo. Ao não darmos importância a ninguém, não vemos o sofrimento do próximo e consequentemente não conseguimos manifestar fraternidade/espírito fraternal ou compaixão, base para o florescimento da caridade.

CAPÍTULO 4

TEOLOGIA DE UMBANDA
Teologias, doutrinas, vertentes ou práticas de Umbanda

Importante se faz citar que uma teologia/doutrina ou vertente, para ser considerada da religião de Umbanda, deve ser logicamente uma flor surgida do jardim da religião de Umbanda, ou seja, surgir a partir do fundamento e característica principal da religião, bem como comungar com Deus de forma íntima e apropriada.

Incluímos ao lado do fundamento e da característica principal a comunhão com Deus. O nome técnico "Umbanda" significa "Deus Conosco", de acordo com o fundador da religião na dimensão física, o Sr. Caboclo das Sete Encruzilhadas - Frei Gabriel de Malagrida, descarnado apenas 129 anos antes do encarne de seu médium Zélio. Frei que apareceu pela primeira vez em vidência extrafísica na fundação da Umbanda se apresentando em vestes clericais e como um homem de meia idade, pele bronzeada, vestindo uma túnica branca, atravessada por uma faixa onde brilhava a palavra "CARITAS" (de acordo com Leal de Souza, o primeiro escritor da Umbanda, no capítulo 23 do livro "O Espiritismo, A Magia e as Sete Linhas de Umbanda" de 1933 – Livro estudado pela Tenda Nossa Senhora da Piedade a pedido do Sr. Caboclo).

Este espírito sublime que indicou não só em discurso aos seus ouvintes em 15/11/1908, mas em exemplo ao seguir das décadas de trabalho caritativo, a profunda e genuína caridade que é muito além de obras beneficentes ou passes sem a cobrança financeira. Faz-se, assim, a função essencial de toda a forma de se praticar Umbanda, doutrinas ou flores do jardim do senhor Caboclo das Sete Encruzilhadas, auxiliar seus praticantes a manifestarem amor fraterno para engajarem no mundo praticando a caridade umbandista, de acordo com os exemplos de Jesus que estão retratados em seu Evangelho encontrados no início do novo testamento da bíblia.

É também visto como muito benéfico aproveitar e aprofundar a forma pela qual a religião de Umbanda é operacionalizada, explorando o fenômeno mediúnico que é a musculatura dos templos de Umbanda, bem como aproveitar a forma sofisticada de comungar com Deus que se dá a partir de suas expressões ou "vibrações puras" como diria Zélio de Moraes, as Sete Linhas de Umbanda, trazidas pelo co-fundador da religião Pai Antonio, o primeiro preto-velho da Umbanda, também mentor de Zélio e que junto ao Sr. Caboclo das Sete Encruzilhadas no anúncio das diretrizes da religião de Umbanda no dia 16 de Novembro de 1908 abençoou-nos com os Pais e Mães Orixás.

Que possa também ficar claro a diferença de Fundamento e Ritos. Todos os ritos, para serem de Umbanda, devem vir da Umbanda, ou seja, de seu Fundamento: comungar com Deus e/ou suas sete linhas, manifestar amor fraterno e engajar para a prática da caridade.

Pontos cantados, roupa branca, colar de contas-guias, linhas de trabalho mistas ou não com as sete linhas, ponto riscado, preces de abertura e encerramento, defumação etc. são ritos advindos do fundamento – maravilhosos frutos da doutrina de Umbanda repassada pelo Sr. Caboclo das Sete Encruzilhadas, não são o que a fundamenta. O que a fundamenta é o que o fundador anunciou como o que a fundamenta, que por acaso acabamos de descrever e no corpo do livro está compartilhado com os irmãos e irmãs.

CAPÍTULO 5
DEUS E A GÊNESE

Deus

Antes de iniciar a leitura deste capítulo, gostaria de informar ao irmão leitor ou leitora que Pai Benedito aconselha, depois de lê-lo em uma forma comum, lê-lo parágrafo a parágrafo, individualmente ou em grupo, contemplando linha a linha, para então abrir para reflexão racional sobre cada pedaço desta Teologia frente ao cotidiano, através da experiência pessoal de cada um, formando, assim, uma corrente de lucidez e fraternidade.

A cada passo que nos liberamos do que achávamos que era o mundo para repousarmos em uma realidade mais ampla, naturalmente benéfica e sábia, as bênçãos de Deus e dos Pais e Mães Orixás nos preenchem em Graça. Aproveite a leitura, a mais complexa e técnica se dá em Deus e a Gênese. Estes dois textos, segundo Pai benedito, precisam ser contemplados em relaxamento, silêncio e atenção absolutas para compreendê-los de forma verdadeira. Se possível, monte um grupo de estudos em sua casa ou em seu templo, deguste o livro de forma livre e deixe que o tempo, estudo e prática naturalmente lhe leve à melhor compreensão.

Deus na Umbanda, nesta teologia chamado de Olorum, Senhor do Orum ou Senhor do reino dos céus, não é o mesmo Deus de outras religiões, embora a forma que a mesma vê e comungue com Ele seja alinhada com a forma que Jesus via e comungava com Deus – Onisciência, Onipresença e Onipotência. Jesus Cristo é, segundo o Sr. Caboclo das Sete Encruzilhadas no anúncio da fundação e fundamento da religião, o maior mentor da religião de Umbanda.

A Umbanda, assim como todas as religiões, tem sua própria Cosmogonia e Teogonia, possui diferenciações interpretativas quanto à realidade dentro de suas diversas teologias, doutrinas ou vertentes, assim como nas religiões cristãs, como o catolicismo, o protestantismo etc.

Olorum é consciência, capacidade ou atemporalidade criativa, está presente em tudo e todos, é um Deus vivo, além de presente, passado ou futuro. É por esse motivo que na Umbanda a folha é sagrada, o fruto, a semente, a casca da árvore, a chuva, o vento, o mar, os rios, as cachoeiras, os bosques, as flores, a terra, os pântanos, os relâmpagos, o sol, a lua... Tudo isso é sagrado, pois vemos Deus presente em tudo e em todos, incluindo a nós, nossa dimensão essencial de existência, a mais cêntrica e, consequentemente, a mais periférica. Essa dimensão essencial não é uma faísca ou pedaço d'Ele, é Ele manifestado, pois Deus abarca tudo.

A noção de espíritos em evolução se dá em evolução de um caminho de autodescobrimento, autorreconhecimento, autoconhecimento, de melhor experimentar a realidade e compreender esta vida viva em nós, o que realmente somos além de nome, memória, configurações de vocabulário ou discursividade.

Deus não criou com imperfeição, Ele nos fez à sua imagem e semelhança. "Fazer" ou "criar", em um sentido mais profundo, significa "se expressar" ou "se manifestar". Deus não se expressou/criou, de maneira imperfeita e deu junto à sua criação uma tarefa de casa: melhorar o que foi criado torto, incompleto, primitivo ou insuficiente por aquele que é o mais poderoso e perfeito.

A evolução ou mutação de um corpo físico, devido ao meio onde está inserido, apenas permite que a consciência possa se expressar de forma mais livre e complexa. Não podemos ser o que não somos. Somos a capacidade criativa que produz toda e qualquer coisa, não sofreremos mutação espiritual, somos a vida por trás e além de mutação.

"Viemos simples e ignorantes" – ignorante é aquele que despreza a realidade que está à frente e não aquele que é burro. Ignorância é de forma básica ignorar que somos atemporalidade criativa, o Eu além tanto do conceito de Eu quanto do conjunto de histórias que conto sobre "Eu", independente dos nomes que meus diferentes pais sanguíneos ou adotivos, me deram ao longo de diferentes tempos, encarnações e corpos.

Simples é o oposto de complexo. A complexidade surge a partir da simplicidade. Somos simples, consciência criativa. O que expressamos é o que pode ser considerado complexo.

Deus é consciência sem características, a não ser a capacidade criativa de produzir toda e qualquer uma.

Há 600 anos éramos bárbaros, há 440, canibais, há 280, fanáticos religiosos, há 150 anos, em nossa última encarnação, fomos pacifistas e nesta somos veganos humanistas. Afinal, quem somos nós? Onde está o bárbaro, o fanático religioso? Eles foram expressões que realizamos a partir desta capacidade criativa que obviamente necessita ser além de passado, presente e futuro, além de características e com a capacidade de produzir toda e qualquer uma. Caso contrário, condicionaríamos toda e qualquer expressão da consciência que realizássemos a partir de uma expressão referencial, fixa e cravejada em nós mesmos.

Não mais teríamos livre-arbítrio, seríamos estáticos, robôs, algo programado e sem sentido, sem consciência, seríamos apenas informação repetida e condicionada, limitada e sem liberdade. Nossa expressão se dá cm livre-arbítrio, e ele nada mais é do que a liberdade de determinar o que está à nossa frente. Aparentemente, não criamos universos, mas, em verdade, sim, os criamos a nível de vida que experimentamos.

Para um presidiário, um quarto vazio pode ser o pior local de sua vida; para um sem-teto, o melhor; para um franciscano, o necessário; para um umbandista, um congá em potencial; para uma arquiteta, algo a ser decorado; para um pintor, algo a ser pintado; para uma criança, algo a ser preenchido. Afinal, que quarto vazio que estamos vendo?

Estamos vendo aquilo que estamos expressando ou arbitrando, por nossa consciência criativa, livre-arbítrio sobre tudo e todos. E por que conseguimos fazer isso? Porque somos consciência criativa.

Jesus disse: "Meu reino não é deste mundo", é óbvio que não é, pois não é algo físico. Deus não é algo físico, também não é um local, não é deste mundo. Já dizia também Jesus: "O reino dos céus não vem com visível aparência, não está aqui ou lá".

"Há muitas moradas", ele disse, há muitas possibilidades, basta que vençamos a dualidade, diavolo/diabo/ diabolo, que significa aquele que dualiza, a consciência que dualiza, a consciência dualista, de dicotomia e separatividade, que o reino dos céus será nosso. "O reino dos céus está dentro de vós", "eu estou no Pai e o Pai está em mim" como diria Jesus.

Deus está dentro, já diziam os hindus; o Tao abarca tudo, já diziam os chineses; o Ipori é indissociável de Olorum, já diziam os nigerianos do passado. Deus, Olorum, Olodumare ou Zambi está presente em tudo e todos, já diziam os umbandistas.

Presente é oposto de ausente, não somos uma faísca onde Deus estaria em outro lugar que não em nós. Nós-Olorum está sempre presente-onipresente, sua consciência está ciente de tudo-onisciente, e nele está a potência de produzir tudo-onipotente. TODO presente, TODO ciente e TODO potente.

Consciência criativa presente em tudo e todos, onisciência, onipotência e onipresença, parece ser nosso "Eu" mais profundo, mas não há "Eu" mais profundo, em um sentido separado de tudo e de todos. Não existe um Eu porque o Eu é uma historinha, uma fabricação da imaginação nossa e dos outros, uma criação de nossa própria capacidade criativa. Não há um Eu simplista.

Ao vermos um filme de nossa existência, vemos apenas flutuações de expressões/manifestações causais, mentais, astrais, etéricas e físicas, encadeadas e perfeitas. Uma coisa é estável e presente sempre, além de qualquer característica produzida, o que fica sempre presente, criando, a atemporalidade criativa presente em tudo e todos, Deus.

Esse Eu essencial, de forma técnica, é uma consciência essencial que tudo abarca.

Por sermos indissociáveis de Olorum é que somos Olorum experimentando em uma dimensão de aparente separatividade e localização geográfico-espacial sem deixarmos de ser Olorum. Por Deus ser de forma essencial e além de palavras ou configuração mental o nosso Eu mais essencial, é que nos manifestamos em toda e qualquer dimensão, assim como uma onda não deixa de ser mar, uma folha de ser árvore, uma montanha de ser terra e a chuva de ser nuvem.

Ao evoluirmos em um caminho de complexidade de corpos temporariamente habitados, a fim de que aprendamos melhor quem essencialmente somos, é que veremos que nunca deixamos de ser Olorum. Somos ele expressado, pois posso estar olhando a alguma característica minha para comparar e ver se é Olorum, desta feita, estou vendo uma expressão D'ele, uma característica produzida por Ele.

Quanto mais aprendermos a nos familiarizar com Deus, que é impossível de ser caracterizado, medido e trazido em palavras – Indescritível, Incomensurável e consequentemente Inexprimível –, poderemos habitar corpos mais e mais complexos na dimensão física e extrafísica.

Antes sequer habitávamos corpos temporais ou de forma não apreciável, depois habitamos corpos temporais e de forma apreciável como o causal e mental, depois fomos aos corpos de forma não apreciável onde mal podíamos conseguir lidar com a noção de instinto na complexidade de relação como um cachorro ou cavalo. Então aprendemos e, hoje, estamos aprendendo a lidar com a noção de pensamentos e emoções complexas na relação como um humano, amanhã aprenderemos a lidar com um mentalismo multidimensional de percepção extrassensorial que fará com que sejamos testemunhas de todas as dimensões etéricas e astrais de existência em nosso entorno como alguns raros e anônimos seres humanos muito sábios ou alguns extraterrenos a exemplo dos Greys retratados por Chico Xavier, oriundos de locais mais centrais de nossa galáxia.

Então aprenderemos em dimensões fisiológicas astrais sem mais precisar encarnar, depois em dimensões fisiológicas sem forma apreciável, como as mentais, sem mais precisar astralizar, então as causais e o Reino dos Céus, disponível aqui e agora e que representa ocidentalmente a noção de dimensão celestial que está além de forma, tempo ou localização.

Quanto maior o aprimoramento da compreensão da dimensão essencial neste momento, independente de qual seja o corpo mais denso que estejamos temporariamente habitando na periferia de um arranjo fisiológico, mais e mais poderemos experimentar em corpos que sejam passivos da consciência de forma mais e mais plena.

Gênese – do grego Γένεσις – génesis "força produtora, fonte, geração ou criação"

Deus cria todas as coisas em seu próprio espaço, a partir de si mesmo, pois, assim como os neurônios não estão separados do cérebro, bem como o espermatozoide e óvulo viram zigoto, o zigoto vira embrião, do embrião surge coração, sistema nervoso, aparelhos digestivo, circulatório e respiratório, com olhos, boca, nariz, braços e pernas que então formam um feto, que vira bebê, que sai do corpo que estava dentro, ainda no corpo do planeta se alimenta de forma indireta através do corpo da mãe, depois diretamente a partir do solo da Terra, que com o tempo e multiplicação de corpos dentro de seu corpo acaba virando uma criança, que vira um adulto, que faz surgir outro zigoto, em uma fecundação com outra adulta e assim por diante em direção ao infinito.

Em uma forma ampla, Deus, a partir de seu próprio espaço, se move pelo seu potencial criativo como um fluxo criando as dimensões causal e mental, a fim de experimentar em realidades binárias, primeiramente nas amórficas, seguindo caminho através de dimensões como a astral, etérica e física, experimentando agora em realidade binárias mórficas.

Deus é criativo devido a dois atributos ou faculdades: o atributo de apreensão e o de expressão. O atributo de apreensão é o fato de Deus estar sempre em vigilância, ciência ou saber puro, algo mais profundo e mais poderoso que a simples percepção. O atributo de expressão é o fato de Deus poder se expressar. Deus se expressa frente a conteúdos sutis ou densos. Os conteúdos são sempre seu próprio corpo, pois Deus abarca tudo, Deus assim é vivo frente a pessoas e planetas ou criando pessoas e planetas.

Expressando-se sempre a partir de seu próprio corpo e frente a seu próprio corpo, lembrando que pessoas surgem a partir de planetas e tudo no cosmos e planetas a partir das estrelas e tudo no cosmos; Deus.

Tais conteúdos são chamados de movimentos. Os movimentos são tudo que Deus apreende, seja este corpo que temporariamente habitamos, seja qualquer outro temporariamente habitado por nós ou por outros no passado ou no futuro. Os movimentos podem ser estes pensamentos que temporariamente passam por este espaço observável a mim ou a espíritos superiores. Eles também podem ser memórias, emoções, impulsos, hábitos etc.

Luz, escuridão, cores, sons, cheiros, sabores ou qualquer coisa que venha a estes 21 sentidos físicos comprovados e que gozo em comunhão com os sentidos extrafísicos, etéricos, astrais, mentais e causais, nos quais deste lado físico da vida, *quanto a "físico" leia-se "espaço e energia"*, sequer foi rascunhado pela recém-nascida ciência moderna.

Esta explicação é por demais importante, pois "movimentos" ocorrem em uma dimensão que haja temporalidade, binariedade, individualidade e coletividade, aqui e lá, temporalidade ou localização que é sempre transitória.

Sendo assim, a noção de expressão surge em potencial atemporal, além de individualidade e coletividade para estar presente frente a uma noção temporal e pontual. É assim que os Orixás, mesmo sendo atemporais; assim como Deus já que são suas expressões, conseguem se fazer presentes frente a qualquer coisa. Uma expressão de características/particular que é originada e localizada no espaço que é além de características/particularidade. A ocorrência de toda expressão se dá quando os movimentos surgem, sendo eles sempre em dimensão causal, mental, astral, etérica e física, todas sempre Deus e em Deus.

Veja que Deus, estando além da noção de movimentos, é além de expressões, consequentemente, além da dicotomia de divino e mundano condicionada pela binariedade do surgimento do movimento frente à apreensão de Deus.

Deus está além da noção de divino e mundano, pois não há o que ser apontado para realizar-se esta dicotomia comparativa possível através da binariedade surgida em uma temporalidade que só é possível de existir devido à atemporalidade, aquilo que abarca ao continuum temporal.

Olorum é mais sublime além do sublime, mais amplo além do amplo, pois é apenas na sapiência absoluta além da noção de absoluto frente a relativo, que o amplo e o estreito são possíveis.

Quando Deus, o sublime além do sublime, onisciente, onipresente e onipotente, transpassa uma de suas próprias expressões em arranjos como o temporal causal, mental, astral, etérico ou físico, é possível, caso este continuum temporal consciente esteja trazendo foco da apreensão, agora percepção para si mesmo, em um autointeresse, perdendo a noção clara de sapiência do Todo por livre exercício de experimentação; através do autocentramento, ocupar a capacidade cristalina de clareza, saindo nós, a noção relativa de Deus, de um estado de lago cristalino que auto e hetero-vê clara e cristalinamente, para um lago turvo dando origem o que que é chamado de incompreensão, que é um continuum de desorientação.

Focando-se apenas na dicotomia ou dualidade, advinda da binariedade, as expressões puras de Deus, ao invés de serem divinas de compreensão, sabedoria, amor fraterno e axé em harmonia, tornam-se relativas e temporariamente mundanas, mundana sendo um termo teológico técnico para descrever a ocupação da apreensão que é plena com algo que é relativo, relativando um potencial absoluto, tudo devido à ausência de amor fraterno, o autocentramento, oposto de amor fraterno, altruísmo.

Por isso Jesus dizia, sobre uma condição para ver Deus: "Bem-aventurados os limpos de coração, por que verão a Deus. Matheus 5:8-9."

Uma continuação causal do essencial puro, que preserva o âmbito de pureza e amplidão não pessoalizada, personalizada, relativizada, frente aos movimentos, dá origem à noção divina de compreensão, e não a mundana de incompreensão. Sendo assim, a expressão divina é uma sequência ampla e absoluta do puro, o mundano é uma sequência estreita e relativa do puro.

Desta feita, o divino mantendo-se puro do que é originalmente puro, é chamado também de puro, pois é uma expressão que não se contaminou como a mundana, também chamada de contaminada.

Não há separação de Deus e Nós, justamente por Deus estar em tudo. Nós é que não estamos neste conjunto de corpos que chamamos de nossos. Estamos além e transpassando temporariamente este arranjo orgânico miraculoso chamado corpo físico que compartilhamos com tudo no universo.

"Do pó da terra este corpo veio, ao pó da terra este corpo retornará." O pó da terra é espaço e energia, assim como este corpo que escreve. Então, qual a diferença de pó da terra e do corpo?

Ao olhar com pureza onde termina este corpo e começa o pó da terra para determinar a diferença básica espacial de uma coisa e outra, vejo que, em verdade, não existe esta coisa de diferenciação, a não ser que eu queira que isso ocorra. Estas coisas nada mais são que espaço e energia combinados e com cara de pó da terra e cara de corpo – pó da terra e corpo que me relaciono a partir de uma interpretação consciente (apreensão e expressão).

Veja que este corpo e o pó da terra também são minerais, sol, lua, bactérias, gravidade etc.

A nível de constituição física, suas caras são iguais em sentido essencial. A distância e separatividade grosseira de uma coisa e outra se mostra frágil quando lembramos os "milagres" que espíritos de sabedoria fizeram ao transformar água em vinho, derretendo pedras, levitando, bilocando-se, multiplicando pães, manipulando água, vento etc. Tudo é o Todo manifestado e o Todo, Deus, está aqui e agora da forma mais cêntrica até a mais periférica. Sendo assim, não há nada além de Deus em Deus, Ele apreendendo a si mesmo e expressando-se em seu próprio espaço.

É devido a incursão aos sentidos que Deus anima arranjos fisiológicos, corpos, por tempos diversos em uma malha temporal observável ao infinito em direção a sí mesmo. Procure o momento presente mais presente que você entenderá o que digo.

Deus aprende, "vê" tudo, e então expressa-se frente ao que viu, assim como nós nos expressamos frente ao nosso próprio corpo, vendo um corpo bonito, feio, velho, corado, branquelo, magro, gordo, o "meu" corpo, "este" corpo ou "aquele" corpo.

Para que a infinita expressão, manifestação ou criação de Deus se estabeleça verdadeiramente livre, ela também deve poder cruzar uma malha temporal produzindo causas e efeitos, ações e reações, dinâmica criativa viva e observável. Esta malha temporal é chamada de dimensão causal. É graças a ela que as flores crescem e decrescem, o corpo se movimenta, que tudo é perfeito e justo, toda a ação tendo uma reação, toda causa tendo um efeito.

Esta dimensão causal não se priva apenas na noção de causalidade, pois nela há Deus, o mesmo que está lendo estas linhas agora. Sendo assim, a dimensão causal se caracteriza por ser um movimento de expressão combinado com energia (continuum de movimento causal), chamamos aí a dimensão causal em uma forma técnica – expressão energo causal, que dá origem ao nome técnico espiritualista "corpo causal", mesmo que o corpo seja algo sem forma apreciável e tão amplo quanto a noção de o quão amplo algo possa ser.

As expressões energo primária e derivada causal e mental nesta dimensão se dão em movimentos que também chegam ao para-cérebro astral e cérebro físico do homo sapiens sapiens onde são chamados de pensamentos e emoções, são os mesmos movimentos que em caninos são chamados de cognição rudimentar ou instinto.

Estes movimentos são chamados expressões energo causais ou mentais, as mentais são um adensamento da abstração altamente inteligente além de discursividade que a dimensão causal possui. As expressões energo mentais são divididas em pré-cognitiva e cognitiva, cognitiva não discursiva são as chamadas atualmente de emoções e a discursiva chamada de pensamentos.

Temos aí Deus cruzando uma malha temporal e pluralizando pontos de passagem de energia, "individualizações" que não são individuais, pois não há causalidade ou hábito exclusivo de alguém, pois somos o Todo expressando uma dimensão causal que pontualiza suas abstrações inteligentes, expressando uma dimensão mental, de pré-cognição e cognição não discursiva ou discursiva, pontualizando ainda mais sua expressão em uma energia agora mais densa possível de se observar forma, existindo arranjos astrais chamados de corpos astrais lembrando que são individualizações apenas na aparência, assim como todo e qualquer corpo pois são uno com todas as outras, sendo o corpo astral um arranjo fisiológico feito de energia mineral, solar, lunar, aquática etc., assim como a expressão etérica também o é.

Sendo a expressão física um arranjo fisiológico feito de minerais, rios, sol, lua, água, nuvem, pressão atmosférica, árvores, flores, frutos e todas as outras expressões ou manifestações de Deus. Você tira as flores da equação e não teremos mais frutos, que não darão sementes, que não darão alimento até nós sumirmos, bem como os animais que poderiam ser caçados, bem como as suas presas. A árvore não se reproduziria, não haveriam mais folhas, nem sombra, nem uma gigantesca troca de gás carbônico por oxigênio, levando o excesso de CO2 a acidificar os oceanos e prejudicar os recifes de corais que são o lar das preciosas algas marinhas. O encadeamento infeliz também ocorreria caso tirássemos as nuvens, a lua, o raciocínio segue ao infinito. As infinitas expressões de Deus se reúnem em locais específicos produzindo vida específica, bem como se separam em locais específicos aniquilando vida específica, em todas as dimensões de existência. Um planeta como a Terra é um milagre a ser apreciado todos os dias.

Tudo sendo o Todo expresso, veja que as estrelas, em especial o Sol, é o nosso segundo coração, tendo em vista que nosso sol orbita em torno de outra estrela e em meio a uma congruência galáctica, onde caso este coração pare ou tenha uma taquicardia, nós morremos.

Veja também que as algas, em especial as marinhas, os vegetais, em especial os bosques e florestas, são nossos pulmões.

Nosso sangue é a comunhão dos minerais do planeta com a água derivada das correntes oceânicas que garantem a temperatura climática ideal para que este néctar divino voe como nuvens para cair em chuva ou correr por rios, cachoeiras e mares.

As nuvens e as montanhas passam por dentro de nossos ossos, a poeira das estrelas fez nossos olhos e os nossos sentidos são uma orquestra de sinfonia tão ampla quanto a profundidade de nossa compreensão. Este corpo que animamos não inicia ou acaba onde achamos que inicia ou acaba. Tudo é o Todo manifestado.

Tudo é Olorum, iniciando com nossa dimensão mais essencial, apreensão e apreensão. Expressão é apenas expressão, não é minha ou de vocês, "eu" ou "vocês" é um conjunto de histórias que muda o tempo todo, diferindo na capacidade de narração ou ponto de vista frente ao conjunto de eventos que configurariam nossa vida e que é sempre testemunhada por muitas pessoas e esquecido em maior parte, principalmente por nós mesmos.

Se nos olhássemos no passado ou no futuro, não nos reconheceríamos, o comportamento, padrão psíquico, trejeitos etc.

Poderíamos nos julgar de forma negativa e sequer querer ser nossos próprios amigos, dependendendo das circunstâncias, seríamos até arqui-inimigos.

A dimensão essencial (cêntrica a periférica) é Deus, de forma essencial além de noção de aqui ou lá, está a Apreensão e Expressão, a dimensão causal é energia contínua e habitual, a mental é essa causalidade com cara de sons e imagens que chamamos de pensamentos ou emoções, a astral é o universo florescido de forma duradoura e maleável, a etérica é a união da energia astral mais densa e a física mais sutil, a física o universo florescido de forma menos duradoura e menos maleável.

A comunhão com Deus se mostra basicamente no fato de nos familiarizarmos com, no mínimo, a apreensão e expressão que está viva e está antes e ao mesmo tempo além desta encarnação ou de qualquer outra que venhamos a ter.

Deus pode permanecer em apreensão, vigilância, ciência ou saber puro, sem se expressar. Ele se expressa quando algum movimento surge a ele. É na união do movimento com a sua apreensão que surge a expressão, Ele sempre se expressa frente a algo, pois caso não haja algo, Ele apenas permanece em seu original, puro, infinito senso de apreensão que é pleno em bem-aventurança sublime Indescritível, Incomensurável e Inexprimível.

A apreensão nos corpos inferiores se manifesta como percepção, pois já existe um ponto localizado a ser focado.

A extensão da infinita apreensão para a percepção se dá porque a apreensão é atemporal e infinita, a percepção que surge nas dimensões causal, mental, astral, etérica e física é temporal e finita. Temporal e finita por já haver aí uma localização espacial e individualidade, sendo Deus em seu reino, dimensão essencial e pura, sem localização espacial e além de individualidade ou coletividade.

Os pontos de congruências das expressões que formam aparências de arranjos fisiológicos das dimensões causal, mental, astral, etérica e física são também chamados de corpos causal, mental, astral, etérico e físico. O detalhamento destes pontos congruências de expressões ou arranjos fisiológicos, em especial os de forma apreciável como o astral, etérico e físico, são vistos no terceiro volume da série Coração de Umbanda – O Divino Florescer.

Veja que a Apreensão está sempre presente, sendo que a primeira expressão, a que está por trás das expressões energo derivadas "causais e mentais" – expressão energo primária, será de compreensão (profunda) ou incompreensão (superficial), sendo o ideal que seja de compreensão enquanto um movimento estiver ocorrendo. Sendo visto um movimento como uma expressão primária e derivadas frente a ele e não apenas um movimento. Bem como para que quando as expressões energo primárias e derivadas não estiverem ocorrendo, possa ser percebido a apreensão, vigilância, ciência ou saber puro; Deus presente mesmo sem a expressão energo primária. O silêncio Onisciente, Onipresente e Onipotente por trás, em meio, atravessando e além de qualquer expressão primária ou derivada.

Ao familiarizar-se com a expressão energo primária, compreende-se todo o processo, desde a percepção até a formação da impressão ou informação primária, que é de fato o que experimentamos. Não vemos os movimentos, vemos nossas expressões.

"Veja que o mundo é expressão" – tal afirmativa é vista como se fosse Deus, em nós, expressando o mundo, sendo "nós" um conjunto de coisas que em verdade ao serem observadas com clareza, são vistas como um conjunto memórias que vêm e vão, pensamentos que vêm e vão, emoções que vêm e vão, em um arranjo fisiológico cósmico que vem e vai, o que fica é Deus, tudo é Deus. A afirmação quer dizer Deus expressando o mundo. Não tem um "nós" ali, "nós" era uma figura de nossa imaginação desorientada com a cara que as coisas têm.

Tudo é o Todo expresso. Sendo Deus além de individualidade ou coletividade, para que não haja o erro de crer que Deus está em algum lugar e o mundo em outro, a afirmação é "o mundo é expressão". Expressão de quem? De Deus, Ele é a causa primária de todas as coisas. A causa primária de tudo que sentimos e vemos é Deus.

Quando há compreensão disso, você inclui a todos, perde-se a noção de pessoalidade ou individualidade frente a uma coletividade, perde-se o sentido de localização espacial e dicotomia, perde-se a separação, estamos até que enfim expressando realismo, discernimento.

Quando há a compreensão desta dinâmica da apreensão e expressão, em seus mínimos detalhes e de forma espontânea e simultânea com todos os movimentos aparentemente internos e aparentemente externos, a Expressão é de compreensão, quando não há compreensão, a Expressão é de incompreensão.

Sobre Divino e Mundano: quando manifesto ou expresso compreensão, minha expressão é divina, quando manifesto ou expresso incompreensão minha expressão é mundana.

Sobre Compreensão e Incompreensão: a compreensão é composta por um continuum de discernimento, enquanto a incompreensão é composta por um continuum de desorientação.

Compreensão é quando minha expressão é profunda, plena e ilimitada, realista. Incompreensão é quando minha expressão é superficial, estreita, limitada e irrealista.

A expressão de compreensão a nível de axé divino presente em todos os Pais e Mães Orixás de Umbanda, se comporta de maneira a não fortalecer alguma energia desconstrutiva, a partir do ato de não mais imbuí-la com mais energia devido ao axé ser de origem divina e não mundana. Bem como imbui com energia a nível de apreciação toda modulação energética construtiva, justamente por ser um axé divino. O mesmo comportamento da Expressão divina a nível de axé, se repete com a nível de aspiração e visão divinos, sendo visão, aspiração e axé, sempre de amorosidade fraterna.

Detalhes técnicos sobre expressão divina, visão divina, aspiração divina e axé divino:

1°) expressão divina é composta de compreensão que é um continuum de discernimento.

2°) Visão divina ou Sabedoria é composta por um continuum de lucidez que é inteligência ampla e desimpedida, que dá origem à maestria ou domínio de habilidade, que por sua vez origina a solução ou resolução.

3°) Aspiração divina é composta de amor fraterno/altruísmo.

4°) Axé divino é composto de energia consciente divina (harmonia pré-cognitiva e êxtase cognitivo) e motivação de engajamento divino, ou seja, de amorosidade fraterna, o oposto do autocentrado, que é mundano.

O amor fraterno engajado é a caridade de Umbanda, uma expressão divina, que é de amorosidade fraterna a nível de visão, aspiração e axé, nos imbuindo de exatamente o que precisamos para o momento que engajarmos no mundo, engajarmos de acordo com o fundamento "a manifestação do espírito para a prática da caridade" e a característica principal "a prática da caridade no sentido do amor fraterno".

Detalhes técnicos sobre Consciência mundana, Visão mundana, Aspiração mundana e Axé mundano:

1°) Expressão mundana é composta de incompreensão que é um continuum de desorientação.

2°) Visão mundana ou ignorância é composta por um continuum de falta de lucidez que é desinteligência estreita e obstaculizada, que dá origem à imperícia ou inabilidade, que por sua vez origina o engano ou confusão.

3°) Aspiração mundana é composta de ausência de amor fraterno ou autocentramento.

4°) Axé mundano é composto de energia consciente mundana (Desarmonia pré-cognitiva e aflição cognitiva) e motivação de engajamento mundano, ou seja, em ausência de amor fraterno, o oposto do altruísta, que é divino.

Conhecer Orixá apenas a nível de informação e conhecimento de nada adianta. Ele deve ser apresentado a nível de conhecimento útil e profundo que o leve à compreensão, em especial sobre a vida e o espírito que almeja se manifestar para a prática da caridade, no sentido do amor fraterno.

Apenas na forma clara de explicar o que é negatividade vista por Pai Exu, já inicia o surgimento e natural compreensão que Ele proporciona, bem como o consequente amor fraterno.

Compreensão, sinônimo de expressão divina, nos faz naturalmente aceitar o outro como ele está, é dela que nasce do íntimo de Jesus : "Amai os vossos inimigos, fazei o bem aos que vos odeiam. Bendizei aos que vos maldizem, orai pelos que vos caluniam. (Lucas 6:27-28)".

"Ao que te bate numa face, oferece-lhe a outra. (Lucas 6:29)"; "Perdoar até setenta vezes sete 7 (Mateus 18:21-22)" "Amais os vossos inimigos e orais pelos que vos perseguem (Mateus 5:44)" e "Assim como eu vos amei, que também vos ameis uns aos outros (João 13:34)".

Amor fraterno é um constituinte natural da compreensão, por isso que a cada segundo que estamos comungando com os Pais e Mães Orixás através da Umbanda, estamos manifestando amor fraterno. Ele está vivo e presente na visão, aspiração e axé divinos.

CAPÍTULO 6

COMO SE FORMA NOSSO ELEDÁ? NOSSA COROA? NOSSO ORIXÁ ANCESTRAL, DE FRENTE E DE ADJUNTO?

Pela liberdade criativa que temos, momento a momento, expressamos ou manifestamos parcialmente uma consciência divina, infelizmente, pois o bom seria se a expressássemos plenamente.

A compreensão da formação do Eledá é questão de contemplação lúcida e de não acreditar em nada que não possa ser aferido e raciocinado, afinal, a religião de Umbanda tem um fundamento sagrado e não um livro sagrado, não tem dogmas ou uma revelação divina, nem nunca terá.

O que há na religião de Umbanda são convites de lucidez, parcial ou total, realizados por inúmeros guias em inúmeras agremiações em mais de um século de história. Imagine que, por inúmeras encarnações, em corpo humanoide dotado da capacidade cognitiva de emoção e pensamento, por exemplo, por 40 ou 50 encarnações, expressamos a expressão divina, Mãe Oxum, ritmo, enriquecimento e amadurecimento do amor verdadeiro, genuíno, em diversas vidas consecutivas.

Sempre vendo e regando a positividade da natureza e dos seres, naturalmente expressando Mãe Oxum vida após vida, sendo ela neste caso a expressão divina que mais realizamos, ela se torna mais viva presente, nosso engajar no mundo se torna mais brilhante e presente a partir D'ela, Orixá Mãe Oxum. Naturalmente, na nossa 51ª encarnação, nasceremos com a presença ancestral (ancestral vem de ancestralidade, "antigo", que nada mais é que causalidade antiga) de Mãe Oxum.

Mãe Oxum *ESTÁ* nosso Orixá ancestral, ou comumente chamado de Orixá de ancestre. Ela não lhe pegou de nenhum útero, pois não há útero em lugar algum, se é para que tenha, veja que o Todo é um grande e sempre presente útero, além de lugar e tempo, se expressa absoluta e relativamente, e cá estamos nós, inseparáveis e indissociáveis de Deus e sua ausência de características e capacidade de produzir toda e qualquer uma.

Não acredite em tudo que está aqui escrito. Por gentileza, peço que duvide ao máximo, mas também faça o favor de duvidar como adulto, e não como uma criança que só de forma rabugenta não concorda, nem sabe direito por que não concorda, não concorda porque não gosta. Muitas pessoas estão assim, impedindo sua própria emancipação e liberdade contemplativa.

Aumente o jarro do conhecimento, refresque seu corpo mental, leia esta série de livros com criticidade, em atenção estável e contemplativa. Se servir, será ótimo, se não servir, por favor, siga adiante. A vida pede lucidez e lucidez só se consegue com lucidez. Então, em algum momento, em alguma encarnação, espero que em breve, você terá de parar e questionar tudo e todos com olhos de adulto, olhando de forma crítica e lógica para todas as coisas, a começar para si mesmo.

A presença ancestral em nosso Eledá vem pela expressão ancestral de um Pai ou Mãe Orixá específico, e isso se dá, obviamente, além da individualidade ou coletividade, no nível essencial de existência. Tal expressão somatiza em nossos corpos causal, mental, astral, etérico e físico em um continuum ancestral.

Veremos isso caso nos deixemos olhar o mundo a partir de uma perspectiva divina e profunda e não mundana e superficial, pois somos essencialmente Olorum e ele está em tudo, dimensão essencial de existência que se expressa a partir de tudo e de nós mesmos.

Os Orixás "de frente" e "adjunto" são os que manifestamos de forma mais recente, não são "ancestrais", geralmente foram sendo expressados em encarnações recentes, benéficamente neste mundão de umbral em que estamos imersos. Geralmente foram expressados a partir de instrução de treinamento em encarnação recente ou em nosso período intermissivo (entre encarnações), para melhor andarmos em nossa experiência, com particularidades a que os mentores têm acesso a partir da análise da causalidade do continuum atemporal de nossa existência.

Vendo eles as necessidades e desafios que se mostrarão a nós, os efeitos das causas geradas por nós, nos propiciam o Orixá de frente e o Orixá adjunto. Orixá adjunto ou ajuntó é o suporte ao Orixá de frente que será a expressão divina que mais facilitadamente expressaremos neste momento, depois do ancestral, é claro, porém de forma provavelmente mais importante que a do ancestral, afinal, o Orixá de frente e o ajuntó foram minuciosamente proporcionados por instruções e geralmente por guias espirituais, sejam eles desencarnados ou encarnados.

Estamos falando de eledá, de expressão divina além de noção mundana ou umbralina. Há pessoas que associam padrões comportamentais com os eledás, isso ocorre de forma favorável quando o padrão comportamental se refere a características da expressão divina, pois o mundano não se estabiliza para a formação de um Eledá mundano, só existe Eledá divino, como, por exemplo, maior facilidade de perdão presente nos seres que possuem Mãe Iemanjá como Orixá ancestral.

Gente chorona precisa regularizar suas emoções, harmonizar sua fisiologia sutil, seja em meio à ciência de Umbanda ou em tratamento psiquiátrico com ou sem intervenção medicamentosa. Não diga que é filha de Oxum ou de Iemanjá e por isso está sempre chorando ou se ofendendo com facilidade, isso não tem nenhum cabimento dentro da religião de Umbanda. Quer dizer agora que os decapitadores extremistas islâmicos são o quê? Filhos de Xangô e Ogum? Por incrível que pareça, também tem isso, gente que é agressiva e raivosa seria filho de um ou de outro Orixá. Na religião de Umbanda isso é inválido, pois não comungamos com divindades mundanas e imperfeitas, mas as divinas e perfeitas que nos fazem naturalmente manifestar amor fraterno e engajar para a prática da caridade, e é comungando com elas que sabemos que o mundano é de incompreensão, desorientação e confusão. O Eledá é sagrado, estável e antigo.

Vejamos que, existe chá de melissa e psicanalista, de preferência que seja um Preto-Velho ou, quem sabe, um Exu, acho que a segunda opção seria a mais apropriada em alguns muitos casos. Não precisa ser umbandista para receber treinamento amplo além de uma inteligência de umbral que possa ser notada como expressão plena ou por ventura parcializada devido a turvas desorientações internas, em uma dimensão que é originalmente ampla e divina de lucidez que na Teologia de Umbanda se nomeia como Orixá.

Todos que têm uma causalidade suficientemente positiva para ter acesso ou ser acessados por mentores recebem treinamento e são abençoados com a lucidez e o amparo da espiritualidade superior, seja física ou extrafísica. Não há nada que não seja Deus, em Deus. Não há nada que não se expresse/manifeste no próprio espaço de Deus, uma expressão de sua criatividade.

"Deus conosco, Umbanda", como já diria o Sr. Caboclo das Sete Encruzilhadas, memorável e missionário guia fundador da Umbanda na dimensão física.

Orixás de Umbanda ou Sete Linhas

Estimado leitor, aqui inicia o manancial de sabedoria e amorosidade fraterna da religião de Umbanda que anda ao lado do Evangelho de Cristo, as Expressões Divinas – Pais e Mães Orixás. Aprecie cada linha. É nesta fonte divina que a manifestação de uma espiritualidade mais realista, benéfica e perene, a de amorosidade fraterna, floresce como uma possibilidade a todos nós.

Sete Linhas

É a partir das Sete Linhas que comungamos com Deus de forma íntima e estável, nos levando a sermos falangeiros de Umbanda aqui e agora, ainda na dimensão física, médiuns e cambonos cada vez mais hábeis, maduros e caridosos. Seres humanos exercitando os potenciais divinos neste mundo de maravilhas e milagres que chamamos de Terra.

Sete linhas
Teogonia – a natureza das expressões de Deus

O infinito Deus possui infinitas Expressões, todas perfeitas porque Deus é perfeito.

O número sete na cabala judaico-cristã, em inúmeras religiões esotéricas, ocultistas, espiritualistas e iniciáticas, assim como nesta Teologia de Umbanda, significa INFINITO.

Orixá significa "Ori", topo da cabeça, e "Xá", acima, ou seja, "Acima da cabeça", além de individualidade e coletividade, além de localização espacial, além de presente, passado e futuro, os Orixás são expressões de Deus, manifestações, prismas, facetas, características que Ele produz inseparáveis d'Ele, pois Ele abarca tudo além da noção de ali e aqui.

A religião de Umbanda, através das bênçãos das Sete linhas, infinitas expressões de Deus, comunga com Ele de forma mais facilitada, nos familiarizando com cada pedacinho de sua eterna criação.

Sendo o fundamento da Religião de Umbanda "A manifestação do espírito para a prática da caridade", a Teogonia que compartilhamos desbrava as Sete Linhas, as infinitas expressões de Deus – Orixás, iluminando a própria expressão de Deus em sua constituição tríplice, Visão, Aspiração e Axé, bem como o discorrimento dela a nível essencial, causal, mental, astral, etérico e físico, ou seja, iluminando cada pedacinho deste espírito, a começar pela forma como ele se manifesta/expressa. Lembrando que espírito é o conjunto de todos os "corpos" divinos, partindo de Deus até o corpo físico, Tudo sendo Deus.

A Umbanda tendo como característica principal "A prática da caridade no sentido do amor fraterno" e "Amor, humildade e Caridade" como as 3 qualidades intrínsecas, comunga com as infinitas expressões puras, amplas, divinas de Deus.

Lembrando que Deus está além da noção de divino porque divino é o oposto de mundano, a dicotomia ou dualidade de divino e mundano sendo características duais de algo.

Os Orixás na Umbanda sendo puros, assertivos, de compreensão, discernimento, visão divina, sabedoria, lucidez, inteligência ampla e desimpedida, aspiração divina, de altruísmo ou amorosidade fraterna, axé divino de harmonia pré-cognitiva, êxtase cognitivo e motivação de engajamento caritativo. Então agora, a partir de uma noção configurada em raciocínio, a Expressão analisada didaticamente encontra-se de uma forma tríplice, composta por visão, aspiração e axé, todos indissociáveis em uma única manifestação, a expressão de Deus.

Sendo a visão o "ver" os movimentos/coisas/conteúdos que passam pela apreensão; a aspiração o "plano de fundo" da relação que temos com o que vemos e o axé a "liga" de nossa relação com os movimentos.

Visão neste livro sendo visão sobre negatividade, positividade, vida e arbitrariedade.

Aspiração sendo aspiração e positividade, negatividade, movimentabilidade e espiritualidade

Axé sendo expressões energo primária e derivadas, as derivadas sendo causais reflexivas, operativas frequentes e infrequentes, referencial, fluídica experimental e temporal, mental pré-cognitiva, cognitiva não discursiva, discursiva, anímica verbal e gestual.

Todos os povos de todas as nações e culturas que olharam para Deus viram as mesmas coisas através de expressões particulares distintas, todas condicionadas pela disposição mental, visão de mundo e complexidade cultural e linguística.

Mãe Oxum de hoje fora Afrodite de antes, Mãe Iyami-Ajé de hoje fora Atena de antes. Mesmo a Mãe Oxum é vista de formas diferentes, todas elas reais, umas de forma mais precisa e menos nublada, umas de forma muito contaminada com a santa desorientação de cada um, principalmente de nós médiuns, outras mais complexas, outras mais acertadas.

Eu considero as melhores como aquelas que são não reveladas, e sim apresentadas, apontadas, do tipo que pode ser aferido, questionado, posto à prova, vivenciado logicamente, contemplado, exemplificado no cotidiano de maneira que não reste dúvida, afinal, se Deus é nossa dimensão essencial e Ele abarca tudo e todos, os

Orixás não estarão em outro lugar que também presentes em tudo e todos, acessíveis e aferíveis de forma direta onde estamos, em nosso cotidiano, independente de religião ou crença, através da manifestação do Orixá a partir de dentro, com compreensão, de forma natural e sem necessidade de transe ou crença cega, pois estamos falando desta dimensão essencial, com estudo prévio e apresentação contemplativa por um mestre habilitado, em nosso caso, iniciando por um preto-velho chamado Pai Benedito de Aruanda e se estendendo a mim, Tata Lobo, com a missão de formar uma linhagem de inúmeros Tatas e Iyás de Umbanda a partir desta Teologia.

Se as coisas são infinitas, é porque não tiveram começo, se não tiveram começo, esta informação confere com a ciência que diz que nada se cria, tudo se transforma. Se nada se cria e tudo se transforma, uma base imaculada e imaculável deve estar presente para a manifestação ocorrer, ela deve estar lá e sem características para não condicionar a criação, que se tornaria viciada e limitada, então ela deve ser sem características, com a capacidade de criar qualquer uma, além de matriz temporal.

Onisciência, Onipresença e Onipotência; Consciência criativa, capacidade criativa ou atemporalidade criativa, Olorum, Deus na Umbanda.

Se não tem começo e não tem fim, se Ele está presente em tudo e todos, a malha atemporal, criativa, essencial, sendo nós o exemplo vivo ou morto desta feita neste exato momento, independente de religião ou revelações divinas, fica claro que não fomos criados no sentido religioso convencional, nem fomos tirados de um " útero primevo", porque se teve "primeiro", teve o "nada" antes de algo e não existe o nada, nada se cria do nada bem como algo não pode se tornar nada em momento nenhum. Se considerarmos o nada como sendo o potencial do tudo, o nada passa a ser atemporalidade criativa, onipotência em uma onisciência onipresente.

Divido com vocês uma frase que utilizava a noção de individualidade nos levando até Deus, mas que é agora adaptada a pedido de Pai Benedito para que não caia-se no erro da pessoalidade: "Abro os olhos da apreensão e vejo que o mundo é expressão". Assim me disse Pai Benedito de Aruanda em 15 de Julho de 2010, em sua primeira incorporação, me relembrando anos depois em uma retro-cognição induzida em experiência fora do corpo, patrocinada por ele, projetado na metrópole Grande Coração em 24 de Maio de 2016 antes de seguirmos rumo a cidadela Novo Mundo juntamente com Ananta, uma extra-terrena que fui apresentado na abençoada e marcante ocasião, espírito em que no seu mundo original o fluido mais animado é o vegetal, mentora que também labuta na Umbanda e a quem devo uma grande parte do terceiro volume da série Coração de Umbanda.

Orixás

Exu

A expressão divina que surge frente à negatividade, imbuindo os seres de vigor para transformá-la.

Exu é a expressão divina que surge frente a ações de raiva, ódio, medo ou rancor, percebe a negatividade destes seres e oferta vigor na transformação dos mesmos. Ações negativas geram hábitos negativos que chamamos de vícios, o conjunto de vícios que um ser opera chamamos de negatividade. Exu é Orixá que surge de frente a negatividade, vícios e ações negativas, conferindo o natural vigor para transformá-los, executando-os através de seu esgotamento no grande e imaculado espaço interno de possibilidades que todos temos, nosso eu mais íntimo, Olorum.

Nosso problema como seres humanos não sábios é que julgamos uns aos outros e sempre através da lógica de punição, sem ter poder ou razão para tal. Em frente a pessoas perversas, devemos primeiramente vê-las como Exu vê; ver as negatividades e vícios do próximo e não os julgar, pois já foram julgados e sentenciados por suas próprias ações pela lei da causalidade.

O que devemos realizar é aspirar a que os seres que expressam negatividade, além de vê-la, tenham vigor para esgotá-la e transformá-la. "Esgotá-la" é fazê-la volver ao nada, e isso só é possível porque eles vieram do nada, que é infinito em possibilidades. A negatividade é o composto de vícios ou hábitos negativos que se originam pelo conjunto de ações negativas que realizamos ao longo de vidas, em nossa existência na vida física e além-física.

A negatividade é sustentada basicamente por incompreensão vinda de autocentramento e operacionalizada por impulsos de energia que advêm de hábitos negativos, "embalos" negativos em determinada direção. Um único vício pode ocasionar diversas ações negativas. Os vícios são como as partículas que flutuam dentro de uma grande bolha de sabão.

Por vezes, as partículas se aderem à parede da bolha e saem dela, flutuam e entram em outra bolha de sabão próxima, de outra pessoa. É como se nossos hábitos fossem contagiosos, e de fato são. As partículas, os hábitos chegam a outras bolhas, escorregam por fora de suas paredes e, por exposição e tempo, acabam entrando nelas, passando a flutuar em seus interiores.

A bolha de sabão é o corpo da causalidade, da causa e efeito, um corpo mental muito sutil, onde temos registrados a dança de nossas ações positivas ou negativas, nossos hábitos e suas energias constituintes, pois nada se perde na natureza tudo se transforma, por isso é possível esgotar a negatividade, é fazê-la perder energia retroalimentada por ações fazendo com que retorne ao continuum de axé puro.

Por exemplo, se temos o costume de cortar legumes sempre de uma mesma forma, temos o embalo disso, uma energia automática, programada. Não vemos o quão limitado é o corte de legumes quando é feito sempre de uma mesma forma, fazemos assim pois consideramos útil, vemos tal forma de corte como uma boa habilidade; até que vemos alguém cortando de uma forma mais eficaz e segura, e rapidamente absorvemos este hábito e esgotamos o outro, a partícula-ação-hábito some de onde veio, do imaculado espaço de possibilidades dentro de cada bolha de sabão. Habilidades podem ser desenvolvidas e aprendidas. Somos hábeis em uma série de coisas que trazem problemas para nós e para os outros.

Então, por que não somos hábeis em manifestarmos/expressarmos Pai Exu? Podemos, sim, descobrir Pai Exu em nós, nos familiarizarmos sua visão, aspiração e axé, onde sequer piscamos, mexemos uma sobrancelha ou sentimos qualquer medo ou animosidade em nosso coração ao vermos uma ação negativa sendo colocada contra nós ou outrem. Ao invés disso, regozijamos de liberdade, poder, habilidade de simplesmente ver a negatividade, vê-la como algo que pode ser esgotado e que, principalmente, não é o outro, não o define nem define a nós mesmos.

Não congelamos o outro de uma forma negativa, damos frescor à maneira com que o vemos e passamos a interagir de forma lúcida através da sabedoria de Umbanda, da espiritualidade que é e sempre foi elevada. A partir da manifestação da visão, aspiração e axé divinos de Pai Exu, temos a capacidade não apenas de perceber e olhar de frente a negatividade em nosso íntimo, mas também de aspirar e imbuir o outro de vitalidade para que possa transformar seus próprios vícios e atitudes.

Desta forma, não vemos o outro como inimigo nem sofremos um arranhão em um conflito, pelo contrário, ficamos mais amplos, mais seguros e enraizados. Com força e vitalidade de Pai Exu, brilhamos e fazemos o outro brilhar, por mais que sejamos nós mesmos o alvo da negatividade do outro. Mesmo assim, somos o porto seguro que o ajudará a superar sua negatividade, mesmo que a ajuda que ofereçamos seja o olhar não julgador, não opressor e de punição com corpo físico, energético e mental inabaláveis, estáveis, que transpiram segurança, poder, vitalidade e benevolência.

Assim é com tudo na vida. Quando nos damos conta de que temos hábitos que não nos servem e atrapalham, mudamos. Vou contar-lhes como aprendi sobre vícios e virtudes, negatividade e positividade, de maneira que seja natural e sem muita cognição. Um exemplo de clássica simplicidade de preto-velho, Pai Benedito de Aruanda, um de meus guias e mentores, que me acompanha há muito tempo. Foi graças a ele que pude conhecer o meu mentor desta encarnação, o digníssimo padre Rafael Ernesto Fernandez, ou, como se apresenta na Umbanda, Sr. Exu Caveira, desencarnado desde 1407 e que me aconselha sempre que tenho alguma dúvida construtiva e mereço ser aconselhado.

Voltando a Pai Benedito, o ensinamento sobre negatividade é assim: imagine um caldeirão com óleo quente. As ações negativas são gotas de óleo, os vícios são o conjunto de óleo e a negatividade o composto "caldeirão de óleo quente". Todas as pessoas seguram um caldeirão de óleo quente. Cada ação negativa que vemos é como se uma gota de óleo quente respingasse em alguém.

O fato é que, quando manifestamos Pai Exu, quando somos apresentados a ele e o expressamos, manifestamos sua visão, aspiração e axé divinos, vemos as ações negativas direcionadas a nós mesmos e aos outros como respingos de óleo quente. Quando estamos manifestando Pai Exu, assim como todos os Orixás, enfraquecemos a pessoalidade até perdê-la, esse EU que tem um nome dado pelos pais e que poderia se sentir ofendido com uma agressão, pois, afinal, eu sou tal tipo de homem ou mulher elevado(a) e compassivo(a) e o outro é um agressor que merece punição, e assim por diante.

De imediato, com a compreensão de Pai Exu, vemos de forma mais profunda e impessoal, pura, vemos o vício e, principalmente, nosso olhar vai direto para a negatividade da pessoa, aspiramos do fundo do coração a que ele ou ela tenha vigor para o esgotamento deste caldeirão de negatividade, destes vícios, que ele ou ela pare de fomentá-los e os vença. Imbuímos o ser de vitalidade, de vigor, não sofremos um arranhão sequer nem geramos uma gota de óleo quente ao forçá-los a reagir.

O óleo quente, o vício, é partícula dentro da bolha de sabão. Ele se dissolve no momento em que não é mais colocado fogo no caldeirão, quando não é mais fomentado ou dado energia, tudo em comunhão com os Pais e Mães Orixás, vamos reprogramando nossas ações e consequentemente os hábitos, reeducando nosso embalo no mundo. Seria mágico se não soubéssemos que se trata de algo natural.

Pai Exu manifesta-se instantaneamente quando realmente tivermos contemplado a negatividade em operação em nós mesmos. Tal transformação é necessária e é a Orixá Bombo-gira que dará o passo inicial e crucial no surgimento de obstáculos internos e externos neste processo de transformação. O Pai e a Mãe da vitalidade e compreensão relacionada à negatividade, Pai Exu com vigor e Mãe Bombo-gira com estímulo, estímulo e vigor formando a vitalidade divina direcionada ao esgotamento e transformação da negatividade.

Expressão constituinte: Visão sobre a negatividade.

Cor simbólica: Preto e Vermelho.

Ponto natural: Terra tanto escura absorvedora e rica em minerais filtrantes quanto vermelha que é muito fértil. Espaço em geral, sideral ou não, bem como buracos negros.

Elemento vegetal: Vegetal que seja de característica estimulante, mas não picante, cana-de-açúcar (folhas e bagaço), café, fumo, butiá, cebola; Os que surgem dentro da terra como mandioca, alho e demais raízes, raízes tuberosas e bulbos; Pimentas não picantes como a dedo de moça e as que conseguem crescer em áreas secas como o boa noite, baba de sapo, bromélia do sertão, muçambê, pente de macaco, maracujá-do-mato, catingueira, mata pasto, marmelo, pequi e umbu.

Semente: Sementes dos vegetais do Orixá.

Elemento aquático e telúrico: Do ponto natural do Orixá e/ou de ação direta ao chacra que o mesmo haja.

Elemento ígneo: Vela na cor simbólica do Orixá ou fogo ritual feito com elementos do Orixá.

Saudação: Salve Pai Exu.

BOMBO-GIRA

A expressão divina que surge frente à negatividade, imbuindo os seres de estímulo para transformá-la.

Bombo-gira é a expressão divina que oferta estímulo para a transformação da negatividade dos seres, aquela que dá o início, que mostra que é possível, que será realizado, que a negatividade terá um fim, que temos a capacidade disto, que mesmo havendo pensamentos e emoções negativas sempre disponíveis em nosso manancial interno de possibilidades, nós podemos diminuir o fogo do caldeirão de óleo quente ou então apagá-lo.

Orixá Bombo-gira é a expressão divina que nos imbui do axé de que somos vencedores em cima de nossas negatividades, de que somos muito mais do que elas. Bombo-gira é a expressão de Deus que vê a negatividade ao mesmo tempo que nos vê vencedores, que dá vitalidade, estímulo para a transformação de todo obstáculo que vier a surgir no processo. Orixá Exu é a constância na transformação ou esgotamento da negatividade, o chamado vigor. Orixá Bombo-gira é o estímulo.

Bombo-gira e Exu são consciências independentes e perfeitas, mas complementares no processo de transformação da negatividade. Muitos agressores possuem históricos de falta de cuidado e segurança quando crianças, qualidades não transmitidas por seus pais e comunidade onde cresceram e se desenvolveram. Mãe Bombo-gira age de forma que o ser em questão renasça dentro de si, brotando segurança onde aparentemente não tinha, tendo estímulo atrás de estímulo para realizar a transformação de sua negatividade.

Neste caso, Exu se manifestaria de forma a dar vigor para esgotar os vícios e a negatividade quando o agressor toma ciência de que nada justifica sua atitude negativa interna ou externa, a não ser a própria negatividade que gera os pensamentos e emoções desconstrutivas e a perda total de sua liberdade racional. Exu o imbui de firmeza e força para não mais realizar tais ações nocivas e acabar alimentando seus vícios e negatividades.

Bombo-gira transforma a vida de um ser apropriando-o da capacidade inata de tomar as rédeas de sua própria vida. Ela dá o estímulo para a transformação de sua negatividade, de seu esgotamento, estímulo para execução do não ódio, não rancor, não agressão, e Exu o vigor no caminho do esgotamento de tais transformações. Exu e Bombo-gira têm sinergia natural, ambos compõem a noção de vitalidade, estímulo e vigor, início e constância, no esgotamento da negatividade e dos vícios nos seres e não apenas na redução dos mesmos, mas tudo a seu tempo e diretamente proporcional ao engajamento pessoal no processo.

Tanto os guias quanto os Orixás dão tanto o suporte às dificuldades quanto melhores condições no processo, porém somos nós que caminhamos. Vemos Bombo-gira , assim como Exu, como consciências que veem a negatividade, e deste processo manifestam visão, sabedoria e axé divinos, vendo a negatividade que é fruto de nós mesmos, então a dos outros, em comunhão com a ação, o engajamento de não realizar ações negativas a fim de esgotar os vícios e a negatividade, juntamente com o estímulo necessário para começar o que será levado e sustentado por vigor. É o ser quem faz o trabalho, cabe-nos nos colocarmos na posição de parceiros e não de inimigos.

Ao ficarmos presos na responsividade em relação à negatividade do outro, perdemos a lucidez e a liberdade, perdemos o senso construtivo e nos fechamos em respostas automatizadas e feridas diversas. Ao nos relacionarmos com a negatividade do outro com o olho de Exu, não descartamos nada, não negamos nada, olhamos o outro nos olhos com compreensão e discernimento.

As consciências extrafísicas da espiritualidade superior agem para poder ajudar, mas ajudar dentro do lógico e sustentável, sem realizar milagres, mas ofertando ferramentas e condições para que a mudança seja mais alcançável, tamanha benevolência têm esses seres de sabedoria e amorosidade fraterna. Tanto os falangeiros de Exu e Bombo-gira quanto as linhas de trabalho Exu e Bombo-gira serão explanados no livro Caridade além vidas – as linhas de trabalho na Umbanda, do médium e escritor Tata Lobo, ditado por Pai Benedito de Aruanda, que será publicado futuramente.

As Sete Linhas de Umbanda, quando compreendidas através da familiarização, brotam de forma natural e em todas as direções em que nossos olhos repousem, como opções divinas, lúcidas, de maestria e solução, completas, imortais e sem fronteiras.

Expressão constituinte: Visão sobre a negatividade.
Cor simbólica: Preto e Vermelho.

Ponto natural: Terra cultivada, vermelha ou fértil.
Elemento vegetal: Vegetal que seja de muita energia de desenvolvimento e proliferação como o caruru, serralha, de característica estimulante e/ou picante como pimentas, açafrão, mostarda, gengibre, bem como ricos em água como maçã e uva, também castanhas e amêndoas.
Semente: Sementes dos vegetais do Orixá.
Elemento aquático e telúrico: Do ponto natural do Orixá e/ou de ação direta ao chacra que o mesmo haja.
Elemento ígneo: Vela na cor simbólica do Orixá ou fogo ritual feito com elementos do Orixá.
Saudação: Salve Mãe Bombo-Gira.

OXUMARÉ

A expressão divina que surge frente ao amor ausente, o despertando, conduzindo e estabilizando.

Orixá Oxumaré nos mostra a inabilidade em vermos e manifestarmos amor, a desinteligência de não o manifestar e o milagre que ocorre quando, assim como um sol, simplesmente iluminamos o outro sem preferências, fazendo o próximo nascer brilhante como um arco-íris, um lindo arco-íris nascido no exato momento em que iluminamos o próximo. Assim como uma serpente, vamos trocando de peles, renovando e transformando a nós mesmos e ao próximo.

A expressão divina nos faz despertar para o amor, incluir a todos, iniciando através da iluminação da positividade da natureza e dos seres que antes não era vista, refrescando o congelamento acinzentado que damos aos mesmos, antes não enxergando suas ações positivas, suas virtudes, suas qualidades positivas, renovando-as e fazendo-as brilhar por completo em frente aos nossos olhos como um arco-íris, trocando a pele do outro e de nós mesmos, como uma serpente, nos tornando mais amplos, maduros e fortes, manifestando amor onde ainda não havia sido manifestado.

Ao mesmo tempo em que Pai Oxumaré nos desperta para o amor, ele também nos conduz naturalmente a nos relacionarmos nesta dimensão de interesse divina, Ele nos encoraja a não apenas realizar positividade, mas também a enxergá-la no outro. Este Pai Orixá se relaciona com a positividade fazendo-a brotar, brilhar, surgir em frente a nós, despertando o amor genuíno e nos conduzindo para então estabilizá-lo como um belo arco-íris, estabilizar o brilho do arco-íris, que seria o ato de "ver" a positividade.

Oxumaré manifesta o amor usando a própria ausência do mesmo como substrato para seu despertar, vendo a amargura, o triste isolamento, o voto de mendicância, a ausência de cor, as fragilidades e a desinteligência na não manifestação do mesmo, manifestando-o onde não era manifestado, colorindo onde não havia cor, brotando um arco-íris no exato local onde não havia um.

Expressão constituinte: Visão sobre positividade.

Cor simbólica: As 7 cores do arco-íris.

Ponto natural: Fonte de água doce, a beira de rios e o arco-íris.

Elemento vegetal: Vegetal que surja de forma espontânea perto de fontes na beira de rio ou que seja levemente estimulante como o Guaraná, girassol ou amor-perfeito.

Semente: Sementes dos vegetais do Orixá.

Elemento aquático e telúrico: Do ponto natural do Orixá e/ou de ação direta ao chacra que o mesmo haja.

Elemento ígneo: Vela na cor simbólica do Orixá ou fogo ritual feito com elementos do Orixá.

Saudação: Salve Pai Oxumaré.

OXUM

A expressão divina que surge frente ao amor presente, o dando pulso, enriquecendo e amadurecendo.

Orixá Oxum nos mostra a maravilha em termos manifestado amor e a habilidade natural de, assim como uma cachoeira, propagá-lo em direção ao próximo, trazendo bênçãos em um único movimento de fonte infinita, vendo tudo e todos como preciosos, radiantes como ouro.

As ações positivas têm por base a aspiração divina, amor fraterno, que é salutar, altruísta, de amparo. Toda ação continuada gera um hábito equivalente, hábitos positivos são chamados de virtudes, o conjunto de virtudes que um ser opera chamamos de positividade.

Visualizemos a mesma associação com negatividade anteriormente discorrida em Pai Exu, imagine um caldeirão com perfume dentro; as ações positivas são as gotas de perfume, as virtudes são o conjunto de perfume e a positividade o composto "caldeirão de perfume". Todas as pessoas seguram um lindo caldeirão de perfume.

A cada ação positiva que vemos é como se sentíssemos o aroma de perfume, ao sentirmos somos naturalmente conduzidos ao mesmo, e de forma natural o estabilizamos. Vemos que ele existe, como é constantemente gerado aqui em nós, ali, lá, em todas as direções, bastando que simplesmente sintamos, de forma clara, seu aroma em todas as direções, como uma brisa a refrescar o corpo e esquentar o coração.

Neste espectro de consciência divina, sabedoria divina, aspiração divina e axé divino, estamos falando de Pai Oxumaré. Mãe

Oxum manifesta-se a partir da geração e degustação da brisa de perfume, e passa a enriquecê-lo, a manifestá-lo mais e mais, a propagá-lo tanto em nós mesmos como no íntimo do próximo, regando o amor genuíno em todos, desabrochando espaço dentro do coração de cada um para que todos possam se aceitar e incluir, amadurecendo o aroma do perfume até um tom celestial, divino.

Mãe Oxum é a expressão divina que nos dá pulso, cadência, ritmo, constância na prática do amor, colorindo de forma cada vez mais bela e radiante tudo e todos em nossa volta, fazendo multiplicar e estender o amor genuíno e propagando o amor genuíno em abundância e infinita fonte de propulsão, assim como uma cachoeira, levando benefício a si mesmo e ao próximo em um único movimento sem necessidade de retorno. Ela enriquece e amadurece o amor genuíno, vendo a natureza e os seres radiantes como ouro, regando a positividade - a maior de todas é o próprio amor "a inclusão", dando pulso e ritmo para a sua propagação, enriquecendo-o, amadurecendo-o.

Expressão constituinte: Visão sobre positividade.

Cor simbólica: Amarelo ou Rosa.

Ponto natural: Água doce em movimento, rios e cachoeiras.

Elemento vegetal: Vegetal que surja de forma espontânea na beira de rio e que seja calmante como erva-cidreira, calêndula e camomila ou doce como uva e maçã.

Semente: Sementes dos vegetais do Orixá.

Elemento aquático e telúrico: Do ponto natural do Orixá e/ou de ação direta ao chacra que o mesmo haja.

Elemento ígneo: Vela na cor simbólica do Orixá ou fogo ritual feito com elementos do Orixá.

Saudação: Salve Mãe Oxum.

IBEJI

A expressão divina que surge frente à ausência do amor, que produz carência e falta de alegria, vendo a busca da alegria nos brinquedos (causas externas), que ofertam alegria frágil e passageira, vendo a geminidade, nos faz manifestar amor, produzindo alegria infinita e estável.

Alegria frágil e passageira por não se alicerçar em uma causa interna infinita, de forma específica o amor, que é uma causa interna estável e infinita, base da empatia e de todo movimento que dará surgimento à alegria.

Quando vamos ao circo não experimentamos a alegria do palhaço, e sim a nossa alegria, majoritariamente catalisada pela alegria do palhaço. É por isso que, mesmo ouvindo uma piada, uns riem mais, outros menos e outros não riem, o mesmo vale para a comida, a bebida ou quaisquer outros itens, qualquer "brinquedo".

As respostas aos "brinquedos" são distintas porque a causa externa que produz alegria funciona como um espelho de nós mesmos. Nós nos expressamos frente ao brinquedo, que nada mais é que um movimento, seja este brinquedo uma memória, um pensamento, um carro, um filme, uma atitude, uma música, uma casa, um casamento, um trabalho, um templo e etc... quando nos relacionamos com as coisas querendo que elas nos proporcionem alegria e satisfação estamos condenados, pois estamos dando a tudo um senso de utilidade, isto é um sinal de que mesmo estando nós em uma religião, casamento ou trabalho, estamos por autointeresse; tendo em vista que nos expressamos frente a todas as coisas, estamos sempre vendo nossas expressões, nossa cara nas coisas, como em uma realidade espelhada, onde todas as coisas são geminadas nossas, exatamente iguais a nós.

Veja que ver as coisas como brinquedo não é mundano, é divino caso tenha-se a compreensão de ser algo a trazer benefício a todos, alegrar a vida de todos.

Aqueles sem alegria expressam sua carência no outro, esperam que o brinquedo brilhe, que o outro faça algo que pisque, que desperte a alegria que está dentro de nós mesmos. É a nossa própria imaginação que produzirá a brincadeira, a alegria e o envolvimento com qualquer coisa que esteja a ocorrer.

A respeito de carência, mesmo que o outro nos acolha, ele apenas ofertou uma causa externa, somos nós que afagamos a nossa própria carência. O remédio do choro vem de dentro, parece ser de fora, mas é dentro. Independentemente de ser um brinquedo de plástico ou um amiguinho, projetamo-nos naquilo que parece externo e que nos parece uma fonte de alegria, mas em verdade apenas incita nosso próprio manancial, pois é impossível experimentarmos a vida única e exclusivamente a partir do outro, sempre temos participação em tudo que experimentamos.

Mesmo brotando uma grande alegria ao receber, por exemplo, um carrinho de brinquedo, a alegria não está no brinquedo, ele desperta o que está dentro de nós. O problema é que esta causa catalisadora da alegria é externa. Se é externa, é frágil e passageira devido à causalidade do mundo, não temos controle e é exatamente ao vermos a carência originada pela busca frustrada por alegria nos brinquedos, que vemos nossa geminidade, nós expressos em tudo e sendo nossa reponsabilidade o que sentimos independente de o que tenhamos a nossa frente, aí nasce o amor, o manancial infinito e estável de alegria.

Desta maneira, tudo vira um brinquedo, a vida vira uma prazerosa brincadeira e a alegria é infinita.

O que está a minha frente é espelhamento meu (gêmeo), não ver tal feito existiu primariamente devido a uma ingenuidade consciencial (criança), que para nos alegrar nos levava a sempre manter uma dinâmica de interação (brincadeira), no mundo (roda) para nos mantermos alegres e felizes por frágil e curta duração.

Pai Ibeji, ao ver toda criança que chora, apresenta-lhe o amor, o maior dos brinquedos, que dará origem à alegria, reconectando-a com a roda, de maneira que possa, além de se alegrar com a brincadeira de seu brinquedo, se alegrar com a brincadeira dos outros, estando vivos e presentes na roda. Ibeji é um Orixá criança, simbolizado por gêmeos devido a seu fundamento.

Expressão constituinte: Visão sobre positividade.

Cor simbólica: As 7 cores do arco-íris.

Ponto natural: Lagos em meio a floresta.

Elemento vegetal: Vegetal que surja de forma espontânea na beira de lago em meio a floresta ou que seja estimulante de emoções construtivas como o alecrim, macela e dente de leão.

Semente: Sementes dos vegetais do Orixá.

Elemento aquático e telúrico: Do ponto natural do Orixá e/ou de ação direta ao chacra que o mesmo haja.

Elemento ígneo: Vela na cor simbólica do Orixá ou fogo ritual feito com elementos do Orixá.

Saudação: Salve Pai Ibeji.

IDOÚ

A expressão divina que surge frente ao amor presente, vendo a causalidade benéfica infinita, apreciando e se alegrando com que os outros trazem a roda (mundo).

Orixá Idoú aprecia o ir e vir das brincadeiras que advêm de toda e qualquer criança ou brinquedo, alegra-se com as plurais causas de alegria, todas vindas do amor manifestado, alegrando-se com a alegria e as ações positivas do próximo e a causalidade em direção ao infinito.

Ela surge observando as crianças e brincadeiras, ela se agracia com a abundância de ações favoráveis dos outros no mundo (na roda), a abundância de brincadeiras e de crianças integralmente lúcidas ou não, vê também o discorrimento causal construtivo da brincadeira, a dança de causa e efeito, ação e reação, daqueles que trazem alegria (contentamento, amparo, achego), tendo inteira ou parcialmente a aspiração de trazer cores e doces (aspirações e ações) ao mundo (roda).

O surgimento e a maturidade de tal relação sob a ótica de poder apreciar o ir e vir das danças satisfatórias que surgem dos outros, tornando-nos adolescentes que se alegram com o que os outros trazem ao mundo (a roda), bem como a decorrência causal de tal feito construtivo é o que nos abençoa esta Mãe Orixá.

Aproveitando para realizar um paralelo com a cultura iorubana, Mãe Idowú é a adolescente que observa os gêmeos, a terceira irmã "dos gêmeos" Ibeji. Ela seria filha de Oxum e Xangô, assim como Ibeji, porém mais velha, adolescente.

Oxum: amor divino ou genuíno + Xangô: causa e efeito, causalidade benéfica = Idowú.

Seria como se os Ibeji, por serem mais novos, ainda não tivessem amadurecido para a consciência divina Xangô, para verem as causalidades positivas. Eles se concentram na relação de dimensão divina Amor (Oxum) de forma mais específica em comunhão com amparo a nível de ação sagrada já que Iemanjá o teria adotado já que era uma peste, causador de confusão.

Mãe Idowú é mãe da falange de espíritos que se apresenta como Doum, tal feito simboliza a irmã mais velha que envia os irmãos mais novos para brincar. Idowú ou Idoú se traduz como "além dos gêmeos". I (além) Dowú ou Doú (Gêmeos), este "além" é quase o mesmo do nosso português, o "além de", no sentido de espacialidade horizontal ou vertical, como em "além da montanha", também o "além de" no sentido de "outro". I (além ou mais alto que), segundo Pai Benedito, antigamente, ao norte de Ewá, na Nigéria, o "I" era também usado para significar "depois", mas esse depois seria no sentido de "fila". Para os cantos e danças, colocar-se-ia uma fila de crianças, da menor à maior, e a cada vez que se dissesse "I", estaria se dizendo para a próxima criança, mais alta, que está além (atrás, depois) da menor, cantar ou dançar.

Idowú ou Idoú representa "além dos gêmeos", a irmã mais alta, mais velha dos gêmeos.

Neste caso, é irmã pois assim como a Orixá Mãe Ikú, "I" velha, "Kú" morte purulenta, doente, decrépita ou envenenada. O "I" apenas, quando junto de um adjetivo, tem o gênero feminino.

Pai Benedito elucida que uma lenda oral e local do oeste da Nigéria diz que: quando Oxum teve Idowú com Xangô, por ter sido menina e única, foi criada com atenção e zelo pelos dois. Quando Oxum teve Ibeji com Xangô, por ser menino e travesso, foi enviado para Iemanjá criá-lo.

Lembre-se de que é tudo mito, sinais, peças-controle para que sirvam de substrato ao manter-se o fundamento profundo apessoal e atemporal dos Pais e Mães Orixás que nunca pertenceram a nenhuma religião, mas pertencem a Deus, são Ele.

Expressão constituinte: Visão sobre positividade.
Cor simbólica: Amarelo.
Ponto natural: Lagos em meio a campo aberto.
Elemento vegetal: Vegetal que surja de forma espontânea na beira de lago em meio a campo aberto ou que seja sustentador de emoções construtivas como a carqueja, manjericão e margarida.
Semente: Sementes dos vegetais do Orixá.
Elemento aquático e telúrico: Do ponto natural do Orixá e/ou de ação direta ao chacra que o mesmo haja.
Elemento ígneo: Vela na cor simbólica do Orixá ou fogo ritual feito com elementos do Orixá.
Saudação: Salve Mãe Idoú.

OMULÚ

A expressão divina que surge frente à ameaça à vida, paralisando, anulando ou interrompendo as ações profanas, que ameaçam a mesma. Sendo "vida" toda forma saudável de manifestação, sustentação e expressão da natureza e dos seres.

A queima de florestas, a acidificação do solo, a poluição do ar, dos mares, dos rios e de suas nascentes são considerados sofrimento ou violação da vida, tendo em vista que animais conscientes passam não apenas a ser ameaçados de extinção como realmente vêm sendo extintos, seja por morte direta em acidentes ambientais provocados pela interferência do intelecto humano ou pela impossibilidade de reprodução e sustentação de seu meio de vida. Pai Omulú é o Orixá da Morte, pois ele se manifesta a partir dela, a partir da violação da vida, das máculas, das chagas, das pestes e doenças. É a consciência que vê o atentado à vida e paralisa seu avanço, continuação e propagação.

Ao vermos a máculação da vida, sofrimento nosso ou do próximo, o que já é uma raridade, paralisamos as atividades catalisadoras da mesma.

Caso não consigamos fazer com que nós mesmos ou o outro anule as ações profanas, aspiramos a que isso ocorra o mais rápido possível, reconhecemos as chagas e vibramos para que elas parem de ser multiplicadas, que a doença pare de se alastrar.

Ao expressarmos Pai Omulú, vemos as ações profanas, ações contra a vida, como ações de um ser coberto de chagas, doente, febril, que no delírio de seu próprio sofrimento faz o outro sofrer, exatamente como se o doente tivesse transmitido sua doença ao outro e o outro, com imunidade baixa, devido à falta de compreensão, além de contrair a doença, incubará e transferirá o vírus da visão, aspiração e axé perniciosos.

Ao sermos inundados por Pai Omulú, não mais nos colocaremos na condição de recebedores e propagadores da doença. Nossa janela imunológica, intervalo de tempo entre a infecção pelo vírus e a produção de anticorpos, será cada vez menor, até que, de forma imediata que formos expostos as ações profanas, não só estaremos imbuídos de compreensão em saber se relacionar com elas, como também, oferecendo as ferramentas para conter as ações propagadoras de tal moléstia, estaremos imunes às sequelas.

Expressão constituinte: Visão sobre a vida.
Cor simbólica: Preto, Preto e Roxo ou Roxo.
Ponto natural: Subsolo em geral, em especial o rico em decomposição orgânica como o cemitério ou à beira mar.
Elemento vegetal: Vegetais que surjam a partir de tubérculos preferencialmente ricos em minerais como a folha de beterraba ou que sejam escuros, absorvedores, como as uvas pretas, erejas pretas e ameixas pretas, ipê roxo, da própria manjerona ou manjericão roxo, de tons escuros ou quase negras como a rara orquídea negra que na verdade trata-se de uma flor de cor roxa ou marrom muito escuro.
Semente: Sementes dos vegetais do Orixá.
Elemento aquático e telúrico: Do ponto natural do Orixá e/ou de ação direta ao chacra que o mesmo haja.
Elemento ígneo: Vela na cor simbólica do Orixá ou fogo ritual feito com elementos do Orixá.
Saudação: Salve Pai Omulú.

A expressão divina que surge frente à ameaça à vida, gerando ações sagradas, as que proporcionam a mesma. Sendo "vida" toda forma saudável de manifestação, sustentação e expressão da natureza e dos seres.

A consciência que, ao ver a vida, com ou sem máculas, realiza toda e qualquer atividade que possa ser geradora da mesma, propiciando sua continuidade e cessando as máculas de forma natural e indireta.

Mãe Iemanjá é a Orixá da Vida, pois ela se manifesta a partir dela, a partir do amparo ao sofrimento, às máculas e suas aflições em operação. Ela se manifesta a partir da geração de benefícios, da fonte que dá e assim diminui ou acaba com as máculas e sofrimento consequente.

Um exemplo simples, mas não menos maravilhoso, de amparo através da geração da vida seria: a um diabético ao invés de isolá-lo do acesso aos doces ou convencê-lo da não ingestão (o que seria feito através de Pai Omulu), ofertar uma receita de suco verde feito com brotos de trigo grama para melhor circulação e produção sanguínea alcalina.

Iemanjá é vida rica e abundante, é geração, atitudes benéficas, positivas, construtivas em direção à vida.

Expressão constituinte: Visão sobre a vida.

Cor simbólica: Azul claro.

Ponto natural: Mar.

Elemento vegetal: Vegetais que surjam no mar como o musgo marinho encontrado nas pedras marinhas e algas ou que sejam claros como e ricos em água como uvas brancas.

Semente: Sementes dos vegetais do Orixá.

Elemento aquático e telúrico: Do ponto natural do Orixá e/ou de ação direta ao chacra que o mesmo haja.

Elemento ígneo: Vela na cor simbólica do Orixá ou fogo ritual feito com elementos do Orixá.

Saudação: Salve Mãe Iemanjá.

OXÓSSI

A expressão divina que surge frente ao livre-arbítrio, a liberdade inata que temos em arbitrar sobre tudo e todos em nosso entorno, incluindo nós mesmos, sendo cada um de nós desta feita responsáveis não só pela forma como arbitramos (interpretamos, vemos) o mundo, mas também como o experimentamos (agimos nele).

Pai Oxóssi é comumente exposto mórfica e simbolicamente como um caçador na floresta, veja que nós assim como o caçador porta uma flecha a ser usada, utilizando sua liberdade de sair da aldeia para arbitrar sobre sua caça; Nós temos a mesma liberdade em sairmos ao mundo, com nossas ações particulares em mãos, arbitrando a todo o momento, sobre tudo e todos.

"O caçador saindo da aldeia somos nós indo ao mundo, a flecha é nossa arbitragem e a caça são os eventos da vida que nos relacionamos dia após dia." A arbitragem constitui-se de uma flechada específica em uma direção específica, uma palavra direcionada a alguém, um sorriso destinado a outrem. Uma flecha, uma arbitragem particular minha, uma ação particular.

Eu arbitro sobre cada pedacinho de minha vida, sendo a minha vida o composto de tudo que chega aos meus sentidos físicos e extrafísicos. Tenho liberdade em arbitrar sobre elogios que vem a mim, críticas, ciência, arte, política, filosofia e por aí ao infinito. Arbitrar é decidir, sentenciar, eu sentencio minha própria realidade. Para muitas pessoas o barulho de sirene das ambulâncias é algo perturbador, porém quando esta mesma sirene é de uma ambulância que está vindo resgatar um ente querido que está enfartando, tal barulho se torna a melodia dos anjos, um grito de esperança, um alívio no coração. Por quê? Porque eu arbitrei no primeiro cenário que as sirenes eram uma maldição, bem como arbitrei no segundo cenário que seriam uma benção, o som é igual, nada mudou.

Sou livre para arbitrar, isso é livre-arbítrio. Atirei uma flecha vermelha de indignação no primeiro tipo de sirene, depois uma flecha rosa de esperança em um segundo tipo de sirene. A sirene é em verdade a mesma, o que mudou foi nossa arbitragem sobre ela.

Nossa flechada é particular, particular porque uma única pessoa não arbitra de inúmeras formas diferentes sobre uma única específica situação, Pai Oxóssi não usa uma rede, usa uma flecha. Suco de pepino é bom ou é ruim, meu time é este ou é aquele, a coisa só muda quando disparo outra flecha. Todos nós temos livre-arbítrio, nossa consciência é livre para arbitrar de forma inata, esta é a estrutura de toda lucidez.

Se arbitro que meu candidato é de esquerda, quando ele perde sinto dor, quando ele ganha sinto excitação, naquele momento aquela era a minha realidade, minha vida, sendo assim, arbitro sobre as coisas de minha vida, escolho particularmente a vida que vivo.

Vejamos que o livre-arbítrio, sinônimo de expressão energo primária e derivadas, não é algo dado por Deus, é uma qualidade D'ele mesmo. Assim como a floresta de Pai Oxóssi é livre para dar frutos doces e venenosos, flores e espinhos, nós somos livres para qualquer interpretação do mundo, bem como qualquer relação com ele. Interpretação é o início sutil de minha arbitragem, que vai terminar somatizando em emoções, pensamentos, sensações no corpo, gestos e palavras. O que quer que aconteça, por mais sólido que pareça ser, como por exemplo um acontecimento natural, uma chuva em uma manhã de domingo, temos o livre-arbítrio de vê-la como algo favorável ou desfavorável. Até mesmo em tragédias temos a liberdade de arbitrarmos como algo sem importância nos permanecendo em uma relação de indiferença com aquilo.

Fazemos isto o tempo todo e a todo o momento. Disparando flechas sutis em direção aos movimentos a todo o instante. Em primeira instância, quando ainda estamos confusos consciencialmente, o mundo que vemos e experimentamos parece ser previamente configurado, algo similar ao destino, bem como com uma aparente densidade, mas em verdade, o que surge nos eventos que participamos, ocorre diferente para cada pessoa que o experimenta; A chuva é a mesma para todos, mas cada um arbitra como sendo favorável, desfavorável ou indiferente, positivo, negativo ou neutro, bom, ruim ou tanto faz.

Pai Oxóssi sendo representado como o caçador (eu), que livremente sai da aldeia em direção a floresta (indo ao mundo), com uma flecha (uma arbitragem), caçando um único animal por vez (relacionando-se particularmente com um movimento de cada vez). O dia que manifestamos Pai Oxóssi pela primeira vez, vemos uma vida mais rica, mais plural, infinita e exuberante em possibilidades, cores, sabores e experiências, tudo dependendo de nós, nossas livres arbitragens, o livre-arbítrio.

Expressão constituinte: Visão sobre arbitrariedade.

Cor simbólica: Verde.

Ponto natural: Floresta.

Elemento vegetal: Todo e qualquer vegetal que surja em meio a floresta, em especial os originados de árvores e que sejam altamente purificadores a exemplo da folha do eucalipto e da Pitanga.

Semente: Sementes dos vegetais do Orixá.

Elemento aquático e telúrico: Do ponto natural do Orixá e/ou de ação direta ao chacra que o mesmo haja.

Elemento ígneo: Vela na cor simbólica do Orixá ou fogo ritual feito com elementos do Orixá.

Saudação: Salve Pai Oxóssi.

EWÁ

A expressão divina que surge em frente a um obstáculo, nos fazendo vê-lo como o efeito cuja causa fora o estreitamento de nossa experimentação, com suas infinitas potencialidades, quando optamos por arbitrar de forma limitada, vendo como denso ou sólido algo que podemos arbitrar de maneira ampla e livre em possibilidades.

Mãe Ewá aparece com uma serpente na mão. Assim como Pai Oxumaré sendo parte serpente, exprime o significado de um "renascimento de si mesmo" pelo fato de a serpente trocar de pele. Mãe Ewá, segurando uma serpente em mãos, mostra o renascimento daquilo que "está à mão", "à frente", obstáculo que surge devido à visão sendo exercitada de forma limitada e estreita.

Expressando Mãe Ewá a partir do que considerávamos ser um obstáculo, vemos a dimensão de livre-arbítrio e transformamos aquilo em uma serpente, em mudança, em algo a ser ampliado, modificado, transmutado. Ela carrega uma lâmina justamente para cortar a forma limitada de exercitar o livre-arbítrio, forma limitada de interpretar e de se mover no mundo. Mãe Ewá segurando uma lâmina, com uma mão corta a ignorância frente ao livre-arbítrio que é exercitado incessantemente e que neste momento está sendo exercitado de forma limitada, já que estamos vendo um obstáculo. Com a outra mão segura uma serpente, transformando aquilo que se tem em mãos, livre arbitrando algo que aparentemente parece ser perigoso, danoso, venenoso ou malévolo, mas que pode ser transformado, modificado, ampliado.

Manifestando Mãe Ewá com um obstáculo em mãos, passamos a "pegá-lo", a vê-lo como uma serpente, como algo vivo, passível de logo se transformar, trocar de pele, renascer, ser diferente, mais amplo e dinâmico. Quando perdemos a capacidade de experimentar a partir de nossa dimensão imaculada e básica de livre-arbítrio, é Mãe Ewá que nos abençoa. É a consciência de Ewá que nos faz perceber as estreitezas que pelo nosso próprio livre-arbítrio estamos, infelizmente, a exercitar de forma limitada. Mãe Ewá nos amplia a visão, de forma a utilizarmos amplamente o livre-arbítrio, por isso é considerada a Orixá da vidência ou vidência profunda, ela nos "dá o dom" de, em frente a uma estreiteza, "recebermos a clarividência".

Mitologicamente ela abençoa as virgens, pois as virgens seriam imaculadas. É desta forma que a consciência de Mãe Ewá nos lembra que somos eternamente virgens, consciência criativa que mesmo se manifestando, migrando a outras dimensões e descartando corpos, permanece intacta e perfeita. Basta darmos um update no olhar perante vida, manifestarmos uma consciência mais ampla e realista, que nem sequer vestígios teremos do antigo software que estávamos utilizando. Assim como o espaço não fica danificado pelas explosões de supernovas ou o céu da manhã com a passagem das nuvens, em nossa natureza mais íntima somos imaculados e impossíveis de sermos marcados ou configurados, e é a compreensão do livre-arbítrio que nos faz exercitar tal faculdade natural que temos, que somos.

Mãe Ewá é também representada pelo raio do sol, o raio de sol que abre espaço e se espalha na mais densa neblina. Quando vemos um raio de sol, sabemos que o sol está acima de nós. Quando vemos a estreiteza de nossa visão a partir da percepção da possibilidade de amplidão da mesma, a partir da manifestação de Mãe Ewá, é como se um raio de sol chegasse a nossa frente e abrisse espaço na aparente neblina. O sol da compreensão frente ao livre-arbítrio com seu infinito e radiante manancial de potencialidades.

Ela também é vista como o Sol que brilha sobre uma planície nevada, manifestamos Mãe Ewá e de imediato sabemos que debaixo da neve há uma flora linda aguardando o sol da lucidez descer seus raios e derretê-la de volta às nuvens e aos rios.

Não há estreitamento que dure, estamos virgens, com vidência e radiantes, mais vivos, mais amplos, mais sábios, divinos.

Expressão constituinte: Visão sobre arbitrariedade.
Cor simbólica: Verde claro ou Magenta.
Ponto natural: Floresta virgem ou úmida.
Elemento vegetal: Toda e qualquer vegetal que venha da beira de um rio que cruze mata fechada, a exemplo da taioba.
Semente: Sementes dos vegetais do Orixá.
Elemento aquático e telúrico: Do ponto natural do Orixá e/ou de ação direta ao chacra que o mesmo haja.
Elemento ígneo: Vela na cor simbólica do Orixá ou fogo ritual feito com elementos do Orixá.
Saudação: Salve Mãe Ewá.

OSSAIM

A expressão divina que surge frente à aspiração salutar orientada a trazer benefício, tendo ciência do benefício direto e da causalidade decorrente, naturalmente fortalece-a.

A manifestação de Pai Ossaim, as folhas das árvores, é a própria cura, a contribuição construtiva direta para o meio, nós mesmos e a sociedade. É na manifestação de Pai Ossaim que observamos o que se chama moralidade elevada e presença de bom senso. Aqueles que manifestam Pai Ossaim veem a manifestação do enredo causal positivo, pois estão orientados a trazer benefício ao meio.

A partir deste espectro, nossas reações à causalidade negativa direcionada a nós e aos outros é sempre positiva, justamente devido à indiferença quanto aos conteúdos advindos do mundo, já que nos encontramos ancorados na base da dimensão de positividade interna que é a aspiração salutar orientada a trazer benefício.

Pai Ossaim é o Pai Orixá das folhas. Se você cortar uma folha, outra nasce. Ela está conectada ao sol e à árvore, ela não está isolada do meio, ela existe para dar vida ao todo da árvore. Sua seiva é como pequenos rios verdes que correm por dentro de si e da árvore, é seiva curativa, o que cura não são as fibras da folha ou a geometria da mesma, é a seiva, o fluido vegetal.

O sangue de Pai Ossaim é curativo, sua existência produz cura e vida, pois ela dá surgimento à vida de seu meio, ela, integrada com o meio de forma benéfica e direta, vive como um único organismo, que dará flores e frutos que alimentarão a qualquer um, seja ele um homem, uma borboleta, um pássaro, um mamífero selvagem, um inseto ou um decompositor, pois até mesmo quando seu ciclo de vida acaba será fonte de energia a benefício também na morte, além de ter sido durante toda a vida, alimentará seres diversos e a própria árvore como adubo, seu benefício ao meio é eterno e a causalidade decorrente é sempre positiva.

Quando manifestamos Pai Ossaim é como se sangue verde e curativo circulasse por nosso ser. Nós mesmos somos fonte de benefício direto em tudo que fazemos, nos orientamos cognitiva e consciencialmente a tal feito, vemos que esta é a forma mais lógica de interagirmos com nós mesmos e com o meio em que estamos inseridos.

Quando a aspiração é vista a partir de um prisma divino, ela tende a ser de fato orientada a trazer benefício mútuo, ao meio, a nós e à sociedade em que estamos inseridos. A aspiração deixa de ser nossa, há incompatibilidade de "minha aspiração salutar" com "aspiração salutar", pois a aspiração salutar é de benefício de coisas que estão além das histórias, predisposições, memórias e referenciais "meus". Por conseguinte, quando manifestamos uma consciência divina que olha a aspiração a partir de um prisma divino, independente de qual estado esteja a aspiração, ela se torna divina, verdadeiramente salutar, deixa de ser "nossa", pois deixamos de ser "eu", nossa vida e histórias passam a ser a vida e histórias de todos e de tudo, ficamos muito mais amplos e com espaço infinito onde o altruísmo surge como a única possibilidade lógica e real de interação com o mundo que é indissociável de nós, assim como nosso Ipori é indissociável de Olorum. Não há uma folha da árvore frente a outras folhas da árvore, temos é folhas, folhas como um único organismo que se funde de forma ampla e perfeita com a árvore, flores e frutos.

A aspiração salutar orientada a trazer benefício direto ou indireto é o pano de fundo de toda e qualquer positividade do ser, de suas ações positivas e hábitos positivos, consequentemente, de toda causalidade positiva que esteja relacionada. A aspiração benéfica é que traz a relacionalidade benéfica de nossa existência.

Expressão constituinte: Aspiração e relacionalidade benéfica.
Cor simbólica: Verde.
Ponto natural: Toda e qualquer área de grande vegetação.
Elemento vegetal: Toda e qualquer folha, em especial o guiné, arruda, capim limão, hortelã, samambaia e cânfora que são altamente purificadoras assim como são os frutos cítricos em especial o limão e laranja.
Semente: Sementes dos vegetais do Orixá.
Elemento aquático e telúrico: Do ponto natural do Orixá e/ou de ação direta ao chacra que o mesmo haja.

Elemento ígneo: Vela na cor simbólica do Orixá ou fogo ritual feito com elementos do Orixá.

Saudação: Salve Pai Ossaim.

A expressão divina que surge frente à aspiração salutar orientada a abster-se de trazer malefício, tendo ciência do benefício indireto e sua causalidade decorrente, naturalmente amadurece-a.

A manifestação de Mãe Maeleô, as correntes oceânicas, é a base para a vida poder prosperar, a contribuição construtiva indireta para o meio, nós mesmos e a sociedade. É na manifestação de Mãe Maeleô que observamos o que se chama moralidade usual e presença de bom senso.

Aqueles que manifestam Mãe Maeleô veem a manifestação do enredo causal que tende a ser positivo, pois estão orientados a não trazer malefício ao meio. A partir deste espectro, nossas reações à causalidade negativa direcionada a nós e aos outros são por vezes negativas, justamente devido ao condicionamento quanto aos conteúdos advindos do mundo, já que nos encontramos ancorados na aleatoriedade "externa" que é frequentemente desafiadora e condicionante ao negativo, onde a aspiração salutar ainda está orientada apenas a não trazer malefício. Sendo apenas a não trazer malefício, não possui uma base madura de positividade interna, ainda não está forte devido ao não posicionamento cognitivo e consciencial divino, dificultando uma ancoragem, fazendo com que as reações ao mundo acabem, por vezes, sendo limitadas e oscilantes por não haver uma base madura, o que nos leva por vezes a ser arrastados pelas aparentes condições desfavoráveis do mundo que parecem imposições.

Mãe Maeleô é a Mãe Orixá das correntes oceânicas, "rios por dentro do mar", vitais por darem a dinâmica de temperatura, clima e harmonização da vida tanto aquática quanto terrestre, uma base para a vida.

A motivação salutar de abster-se de trazer malefício é a base para a motivação salutar de trazer benefício. Você não consegue manifestar a motivação salutar de trazer benefício se ainda traz malefício. Se ainda trazemos malefícios ao mundo, é sinal de que a aspiração de trazer benefício não é em verdade uma aspiração, é um conjunto de ações condicionadas pelo meio, não é aspiração, é ação e ação aleatória e condicionada, por vezes pela cultura, sociedade, religião ou por leis.

Ações que não tragam malefício, na terra física, são impossíveis. Nós vivemos e consumimos, nosso consumo traz malefício ao meio. Não é na forma que dizemos se a coisa é benéfica ou maléfica, é na aspiração, o pano de fundo. Sem manifestarmos Mãe Maeleô, fazemos o maior esforço possível de não trazer malefício ao mundo, mesmo isso sendo impossível na dimensão física, onde mesmo nos abstendo de consumir produtos industrializados, carne e seus derivados, ainda matamos centenas de insetos por dia apenas ao nos deslocarmos de transporte coletivo, que é utilizado justamente para evitar os transportes individuais que produzem uma poluição maior e desnecessária. Estamos na Terra, e a Terra física, assim como toda a dimensão física, é constituída de uma dança de vida e morte. O fato de não haver solução não significa que devemos jogar sacolas plásticas no oceano, queimar pneus, comer bebês de vacas ou produtos que possuam imbuídos neles a tortura continuada a animais, como no caso de leite e ovos.

Estes são exemplos claros de como podemos evitar de trazer malefício e de forma indireta trazer benefício. Quando amadurecemos esta aspiração, passamos à aspiração de trazer benefício. Tanto uma quanto a outra são aspirações salutares, ou seja, são a mesma aspiração, apenas com níveis de maturidade diferentes: a de trazer benefício é a madura, a de evitar de trazer malefício é a mais jovem. Vale salientar que nada adianta tomar qualquer ação de forma forçada ou imposta, ela logo cairá por terra. Se você faz uma ação anímica verbal ou gestual com "cara" de salutar, mas lá dentro há uma ação sutil que é autocentrada, um alguém que quando faz determinada coisa se sente superior, alguém que está ajudando outro alguém que está precisando e, afinal, eu posso, e eu posso porque sou relativamente bom, afinal, sou a bondade e humildade em pessoa, mesmo que não diga, a aspiração ainda é deletéria e aquelas ações são também deletérias. De nada adianta comer apenas raízes e sua vida ser autocentrada e tomada por superioridade frente a "outros", por mais sutil que seja, vivendo, afinal, sossegado e tranquilo, zen e vegano, faço doações aqui e acolá, vivendo de boa e na lagoa, tenho cara de salutar, mas ainda sou deletério, só sou salutar quando tudo, TUDO que faço, todas as minhas ações, das mais sutis às mais grosseiras, sejam orientadas verdadeiramente a evitar de trazer malefício, esse é o começo.

O maior dos benefícios é querer realmente o bem do próximo, a ponto de se mover para isso, com o axé, que é inabalável, e sem qualquer noção de limitação, vergonha ou culpa. Se estamos manifestando nosso espírito para a prática da caridade (amor fraterno engajado), é uma coisa maravilhosa, a mais sofisticada de todas, é questão de tempo que pouco a pouco amadureçamos e em nosso ser aspiremos de forma salutar madura, independente da cara que as coisas tiverem, tudo com bom senso, sendo Mãe Maeleô a base para a vida e não para a morte.

Nossa existência é imortal, não há de haver culpa ou tensão com o que recém aprendemos sobre Mãe Maeleô, há, sim, de haver entusiasmo e alegria em poder fazer algo salutar. Por mais limitado e relativo que possa parecer, fazemos a nossa parte para ajudar a manifestação de um mundo melhor; por mais que a ajuda seja em nos abstermos de trazer malefício, esta é uma alegria divina que poucos têm a felicidade de experimentar. O mundo é perfeito do jeito que é e a dimensão física é um milagre de vida e morte, alegria e sofrimento, um sendo o substrato para o outro em uma existência de maravilhas infinitas proporcionada por Pai Olorum.

Quando manifestamos Mãe Maeleô, é como se as correntes oceânicas, sustentadoras e propiciadoras da vida, circulassem por nosso ser. Nós mesmos nos tornamos fonte de benefício indireto em tudo que fazemos, nos orientamos cognitiva e consciencialmente a tal feito, vemos que esta é a forma mais lógica de interagirmos com nós mesmos e com o meio em que estamos inseridos.

Vejamos tudo e todos com um sorriso no rosto, êxtase no coração e axé, pois estamos em um mundo perfeito, com consciências imortais experimentando na carne o fresco deleite da vida eterna.

Expressão constituinte: Aspiração e relacionalidade benéfica.

Cor simbólica: Branco.

Ponto natural: Correntes oceânicas e mar.

Elemento vegetal: Vegetação de dunas e de regiões litorâneas como a Cana d'água, gardenia e jasmim sem cheiro.

Semente: Sementes dos vegetais do Orixá.

Elemento aquático e telúrico: Do ponto natural do Orixá e/ou de ação direta ao chacra que o mesmo haja.

Elemento ígneo: Vela na cor simbólica do Orixá ou fogo ritual feito com elementos do Orixá.

Saudação: Salve Mãe Maeleô.

DANKÓ

A expressão divina que surge frente à aspiração deletéria orientada a não se abster de trazer malefício, tendo ciência do malefício indireto e sua causalidade decorrente, naturalmente a purifica.

A manifestação de Pai Dankó, o bambuzal, "sem seiva" ou fluido substancial em seu interior, vazio por dentro, que balança e se enverga para o lado que o vento o induzir, se o meio é negativo, o empurra e ele fica igualmente no mesmo sentido, contribuição desconstrutiva indireta para o meio, nós mesmos e a sociedade. É na manifestação de Pai Dankó que observamos o que se chama moralidade frágil e falta de bom senso.

Aqueles que manifestam Pai Dankó veem a manifestação do enredo causal que tende a ser negativo, pois não estão orientados a não trazer malefício ao meio. A partir deste espectro, nossas reações à causalidade negativa direcionada a nós e aos outros são aleatórias, justamente devido ao condicionamento quanto aos conteúdos advindos do mundo, já que nos encontramos ancorados na aleatoriedade "externa", que é frequentemente desafiadora e condicionante ao negativo, tendo eu o posicionamento que enfim não trago malefício desde que me convenha. Meu movimento é completamente aleatório, sendo eu comandado pelo meio em que estou inserido e sempre motivado pela noção de se aquilo que eu vá realizar me convém ou não.

Onde a aspiração deletéria não está orientada a não trazer malefício é aleatório. Não possui base, pois não há nenhum posicionamento cognitivo e consciencial divino. Vou de acordo com o vento, impossibilitando uma ancoragem, fazendo com que as reações ao mundo acabem por ser sempre limitadas e oscilantes por não haver uma base madura, sendo eu sempre arrastado pelas aparentes condições desfavoráveis do mundo que parecem imposições.

Pai Dankó é o Pai Orixá do bambuzal, um conjunto de manifestações vazias de conteúdo substancial, todas obedecendo sempre ao comando do meio externo, sem posicionamento, a não ser ir de acordo com o vento.

A manifestação de Pai Dankó me faz ver que sempre vou de acordo com o mundo, realizo ações maléficas sem nenhum problema, não me abstenho de realizá-las. Se alguém me apronta, eu apronto de volta. Se eu quiser aprontar com outro, também não me importo, afinal, não tenho problema nenhum quanto a aprontar. Pai Dankó me mostra justamente quando esta aspiração está operando. Existe um universo de complicações e sequelas nas interações maléficas que eu realizo, mas enquanto eu não manifestar uma consciência divina, Pai Dankó, que vai além de minhas preferências e aversões, além das historinhas do mundão, das justificativas e induções, fico refém do "vento que chega em mim". Não me abstenho de trazer malefício, então, se tiver que trazer, eu trago mesmo e não vejo problema. O mundo está tomado por pessoas sem conteúdo substancial interior, pessoas que são como uma massa ambulante e aleatória andando na face do globo. Se elas manifestassem Pai Dankó e vissem que estão trazendo malefício indireto e causalidade decorrente sempre que não se abstêm de trazer malefício, o mundo estaria liberto da maior parte das agressões e animosidades que vemos nos noticiários.

A aspiração deletéria de não se abster de trazer malefício é a base para a aspiração deletéria de trazer malefício, você não tendo problema em realizar coisas maléficas aparentemente "só aos outros", aparentemente, pois, sempre que trazemos malefício ao meio, trazemos a nós também, é um passo para simplesmente resolvermos, sim, trazer malefício sempre que convir, mesmo se as coisas à volta estiverem arrumadas e decentes. Se ainda trazemos malefícios ao mundo, é sinal de que nossa aspiração é de não nos abstermos de trazer malefício. Ações aleatórias e condicionadas, às vezes pela aparente situação ou humor.

Quando manifestamos Pai Dankó é como se percebêssemos que nosso corpo está vazio internamente, que estamos à mercê do mundo, somos totalmente aleatórios, sem base, sem raiz, aleatórios quanto à base firme que produza ações regulares a nossa escolha, independente das condições do meio. Pai Dankó nos faz ver que somos sempre balançados pelo vento, que vemos o meio nos condicionando a tal ponto que chegamos a acreditar que, caso não nos movermos de acordo com o que vem a nós, acompanhando o movimento, seja ele qual for, nós racharemos e quebraremos.

Pai Dankó é consciência divina. Ao manifestá-lo, nos damos conta da noção de aspiração deletéria, em específico da de malefício indireto, consequentemente, da noção de aspiração salutar, de benefício, de que existe outro modo de vida. Pai Dankó nos tira da normose condicionada de uma cultura qualquer que, por mais que possa nos levar a cometer delitos ao bom senso, à ética clara e à moral elevada, não mais nos levará a fazer nada, nada nos levará a fazer absolutamente nada com que nossa razão não convenha e decida por fazer.

Podemos ser mais amplos e mais desimpedidos, não precisamos ser restritos e obstaculizados como um bambuzal que se enverga a favor do vento, bastando apenas que o vento comece a soprar, independente de que direção esteja ele indo.

Expressão constituinte: Aspiração e relacionalidade maléfica.
Cor simbólica: Amarelo e branco.
Ponto natural: Bambuzal, sendo no centro da toceira a maior concentração energética.

Elemento vegetal: Folhas de bambu em suas mais de 1000 espécies.

Semente: Sementes dos vegetais do Orixá.

Elemento aquático e telúrico: Do ponto natural do Orixá e/ou de ação direta ao chacra que o mesmo haja.

Elemento ígneo: Vela na cor simbólica do Orixá ou fogo ritual feito com elementos do Orixá.

Saudação: Salve Pai Dankó.

MÃE IKÚ

A expressão divina que surge frente à aspiração deletéria orientada a trazer malefício. Tendo ciência do malefício direto e da causalidade decorrente, naturalmente reforma-a.

Mãe Ikú é a própria morte purulenta, infecciosa, pútrida, envenenada, contribuição destrutiva direta para o meio, nós mesmos e a sociedade. É na manifestação de Mãe Ikú que observamos o que se chama imoralidade e insensatez.

Aqueles que manifestam Mãe Ikú veem a manifestação de seu enredo causal negativo, pois se percebem ancorados em sua própria negatividade, negatividade que, por sua vez, possui a aspiração deletéria orientada a trazer malefício ao meio como sua base.

O espírito, mesmo expressando grande negatividade, ao manifestar Mãe Ikú, se vê fora da normalidade e naturalidade que outrora se encontravam perante seus atos, se vê como se tudo que tocasse adoecesse e morresse, fato que não seria justificável.

Passa a ver além da noção de seu antigo torpor consciencial, vê sua antiga naturalidade em agredir, matar, explodir e aterrorizar como algo maléfico e injustificável.

O terrorismo, o radicalismo religioso, a guerra, a exploração sexual e a xenofobia têm solução. Se todos manifestassem Mãe Ikú, o mundo nunca mais veria episódios de violência e ódio.

A aspiração deletéria orientada a trazer malefício direto ou indireto é o pano de fundo de toda e qualquer negatividade do espírito, de suas ações negativas e hábitos negativos; consequentemente, de toda causalidade negativa com que esteja relacionado.

A aspiração maléfica é que traz a relacionalidade maléfica de nossa existência.

Expressão constituinte: Aspiração e relacionalidade maléfica.

Cor simbólica: Preto.

Ponto natural: Pântano rico em vegetação.

Elemento vegetal: Vegetação de pântano e mangue, principalmente a arbustiva, como Hibisco de mangue, lírio-do-brejo mangue-vermelho, mangue Siriba e mangue botão.

Semente: Sementes dos vegetais do Orixá.

Elemento aquático e telúrico: Do ponto natural do Orixá e/ou de ação direta ao chacra que o mesmo haja.

Elemento ígneo: Vela na cor simbólica do Orixá ou fogo ritual feito com elementos do Orixá.

Saudação: Salve Mãe Ikú.

IANSÃ

A expressão divina que surge frente à aspiração deletéria, tanto a de trazer malefício quanto a de não se abster de trazer malefício, que dá origem à inteligência "desordem" e seu movimento "caos", fazendo emergir a aspiração salutar no sentido de evitar trazer malefício, trazendo benefício indireto, brotando a inteligência respectiva, chamada "ordem". Inteligência essencial a ser manifestada no âmbito pessoal ou coletivo.

Mãe Iansã nos mostra a aspiração equivocada, a inteligência desordem e o movimento caos que realizamos, nos mostra que nossa base está a nos fazer produzir espinhos e não frutos.

Ela nos mostra nossa aspiração equivocada a partir do refrescar, higienizar a aspiração de nossa consciência, expondo-nos a fragilidade de nosso autocentramento, orientado a benefício próprio, que dará, vez ou outra, surgimento a ações em malefício em menor ou maior grau, a nós mesmos e ao próximo.

Mãe Iansã faz-nos ver que, devido a uma aspiração deletéria e inteligência "desordem", estamos a caminhar caoticamente, como almas penadas, zumbis ou seres totalmente sem rumo, em círculos, debatendo-nos nos outros e tropeçando em nós mesmos. Ela é a mãe dos Eguns por causa desta feita. A partir desta dimensão de lucidez, ela nos manifesta naturalmente a inteligência "ordem", a aspiração ao movimento significativo, a conexão com a estrada, com o caminho.

A ordem é tida como caminho porque não é um objeto ou ideia, é uma inteligência sutil, presente e essencial para a manutenção de uma sociedade ou qualquer aspiração altruísta que se deseja colocar em prática. No âmbito humano, manifesta-se como um modo de vida que dará fruto a um movimento, o mover-se, que, a partir da inteligência ordem, é chamado de Progresso.

Ver o movimento "caos", sua inteligência "desordem" e a aspiração deletéria que lhes deu origem e sustentação permite o consequente despertar para a aspiração salutar no sentido de evitar trazer malefício.

Por meio da chibatada com o eruexim (chibata feita de rabo de cavalo atado a um cabo de osso, madeira ou metal), ela desloca os Eguns de dentro do movimento caos para fora dele, com seus ventos modificando e refrigerando sua aspiração, fazendo brotar a inteligência ordem em meio ao caos, assim como relâmpago em meio a tempestade; essas são as chaves para compreender esta consciência divina que se manifesta, despertando-nos para a inteligência construtiva e benéfica no mundo.

E é ao enxergarmos o caos que passamos a nos conscientizar de deixarmos de contribuir para sua propagação, assim nos abstendo de trazer malefício direto ou indireto a nós mesmos e ao próximo, desta feita florescendo e abrindo espaço para a aspiração salutar manifestar-se, nos levando à aspiração salutar a partir da aspiração deletéria, nos levando à ordem a partir da desordem.

Expressão constituinte: Aspiração e movimentabilidade.

Cor simbólica: Vermelho ou amarelo.

Ponto natural: Áreas abertas em meio a tempestade.

Elemento vegetal: Vegetaçao que seja exposta sem danos a chuva, rasteira, pontiaguda e que nasça em área aberta como folha de cenoura e espada de santa bárbara, bem como que nasça em árvore e que seja grande como a folha da manga.

Semente: Sementes dos vegetais do Orixá.

Elemento aquático e telúrico: Do ponto natural do Orixá e/ou de ação direta ao chacra que o mesmo haja.

Elemento ígneo: Vela na cor simbólica do Orixá ou fogo ritual feito com elementos do Orixá.

Saudação: Salve Mãe Iansã.

A expressão divina que surge frente à aspiração salutar que deu origem à inteligência "ordem", ampliando-a ao sentido de trazer benefício direto, amadurecendo também a inteligência "ordem", que agora faz brotar o movimento "progresso" – movimento essencial para manutenção de todo e qualquer movimento construtivo, seja ele de âmbito pessoal ou coletivo.

É a consciência que amadurece a inteligência ordem, fazendo brotar o movimento progresso, a sincronicidade de ações e relações que tem por base a aspiração salutar orientada a trazer benefícios ao meio em que se está inserido.

Pai Ogum nos mostra a aspiração inteligente e ordenada que tenhamos manifestado em maior ou menor grau, nos apresentando, a partir da observação da vida, que tal base nos faz produzir frutos e não espinhos.

Ele nos amplia a aspiração salutar, orientando-a a produzir benefícios, amadurecendo nossa inteligência ordem ao ponto de dar início e fortificar, empoderar e encorajar nossos passos, mostrando-nos a estabilidade e o longo alcance de nossa aspiração salutar, de base altruísta, orientada ao benefício do conjunto, que dará surgimento a ações em benefício mútuo, em menor ou maior grau, a nós mesmos e aos outros.

A aspiração salutar é o contrário da aspiração deletéria, é a aspiração de um nobre de espírito, a aspiração de duas qualidades que se completam: a de evitar trazer malefício e a de procurar trazer benefício.

Pai Ogum é o amadurecimento da inteligência ordem que já fora manifestada por Mãe Iansã, bem como da ampliação da aspiração salutar que também já fora despertada pela mesma, por isso Mãe Iansã é quem encaminha os Eguns, os perdidos. Pai Ogum coloca em movimento e cadência a inteligência ordem, produzindo o progresso de forma natural, um trote construtivo e sem nunca ter caminho fechado.

Estar montado em um cavalo é "estar elevado", um símbolo de já estar com a aspiração salutar, aspiração elevada, valorosa, a qualidade base de um nobre, sua fundação.

Estar vestindo uma armadura é "manifestar a inteligência ordem", pois a armadura é um símbolo de ordem, de proteção, de imaculado.

Ordem é uma inteligência, um *modus operandi*.

Quando estamos manifestando ordem, não importa o que ocorre no mundo ou o que vem a nós, somos intocáveis, pois nossa dimensão de interesse e relação está conectada com o que trazemos ao mundo e não com o que recebemos dele. É desta forma que, como diz a oração: *"... tendo pés não me alcancem, tendo mãos não me peguem, tendo olhos não me vejam, e nem em pensamentos eles possam me fazer mal. Armas de fogo o meu corpo não alcançarão, facas e lanças se quebrem sem o meu corpo tocar, cordas e correntes se arrebentem sem o meu corpo amarrar...".*

O cavalo é um símbolo de trote, de mover-se; no caso do nobre cavaleiro, é mover-se de forma ordenada; portanto, cavalgar é um símbolo de progresso, o caminhar ordenado que é estável, amplo e construtivo. Progresso é a qualidade de engajamento de um nobre, característica principal de seu movimento no mundo.

A lança é um símbolo de que toda e qualquer ação que surge a partir de nossa aspiração salutar, da inteligência sutil ordem e do movimento de progresso, é automaticamente subjugadora do caos. O caos é movimento ardente que causa malefícios, é simbolizado pelo mítico dragão, réptil que voa cuspindo fogo.

Ver a ordem e a aspiração que lhe deu origem e sustentação, a consequente ampliação da aspiração salutar, no sentido de trazer benefícios, e o consequente progresso, são as chaves para compreender esta consciência divina que se manifesta dando cadência e constância a todo movimento construtivo e benéfico no mundo.

A ordem não vem por esforço em seguir ou aplicar uma lei divina, é uma inteligência. Leis divinas são expressões de Deus.

Pai Ogum na Umbanda é sincretizado como um cavaleiro, um nobre guerreiro, e foi a partir deste tão conhecido sincretismo, São Jorge, que os mentores nos explicaram por que no passado o mesmo foi escolhido para representar Pai Ogum, e foi a partir dele que nos foi introduzido que, manifestando esta consciência, somos naturalmente vitoriosos, naturalmente em cima do dragão, com lança em sua garganta, e não embaixo do mesmo, gladiando fervorosamente.

Expressão constituinte: Aspiração e movimentabilidade.

Cor simbólica: Azul escuro ou Vermelho.

Ponto natural: Clareira, beira da mata ou beira de uma estrada rica em vegetação.

Elemento vegetal: Vegetação que seja exposta ao vento frequente, pontiaguda e estimulante, rasteira ou de árvore como as folhas do dendezeiro ou mariô, também plantas de forte fixação e poder de proliferação como almeirão roxo ou almeirão espada, peregum, quebra-demanda, abre caminho, babosa, açoita-cavalo, coroa de ogum, lança de Ogum, espada de São Jorge e flores pontiagudas como cravo, crista de galo e as palmas vermelhas.

Semente: Sementes dos vegetais do Orixá.

Elemento aquático e telúrico: Do ponto natural do Orixá e/ou de ação direta ao chacra que o mesmo haja.

Elemento ígneo: Vela na cor simbólica do Orixá ou fogo ritual feito com elementos do Orixá.

Saudação: Salve Pai Ogum.

OLOSSÁ

A expressão divina que surge frente à ausência de fé ou espiritualidade elevada/superior formada pelo movimento de falta de esperança ou ausência de sentido elevado de existência, solidão, orgulho e desamor.

O desamor é uma consciência de exclusão, exclusão do outro.

O desamor faz surgir o orgulho:

– O olhar que vê o conjunto da humanidade e da vida na Terra como algo sem importância, o outro como algo a ser utilizado a seu benefício ou mesmo como algo dispensável.

O orgulho faz surgir a solidão:

– Vemos a todos como estranhos, repletos de defeitos e ciclicamente atentando contra nossa sublime integridade. Mesmo cercados de pessoas, nos sentimos sós porque nos isolamos do contato verdadeiro com as pessoas, não vemos nem o sofrimento, nem a felicidade do próximo.

A solidão faz surgir a falta de esperança ou ausência de sentido elevado na existência:

– Não temos sentido para a vida. Independente das atividades laborais ou religiosas, lutamos para sobreviver, para vencer o dia, para poder sanar nossos desejos, por mais simples ou complexos que sejam. Nunca estamos satisfeitos, a felicidade vem e vai e nunca nos sentimos com ela.

Sempre nos sentimos em incompletude, em aguardo, em sutil sofrimento, uma insatisfação aflitiva e irregular, uma aleatoriedade existencial que é injustificável além dos quesitos mais básicos da sobrevivência animal e dos instintos, como a cobertura dos prazeres dos sentidos.

A falta de esperança ou ausência de sentido elevado de existência faz surgir a ausência de espiritualidade elevada ou fé.

É a partir da aspiração deletéria fruto do desamor que o orgulho, a solidão e a ausência de sentido surgem, nos levando a manifestar qualidades negativas mesmo que as condições do mundo nos peçam ou ofertem positividade.

Mãe Olossá é a Orixá que nos leva a ver a espiritualidade ampla, um sentido para nossa existência. Ela está representada e assentada nos rios que desembocam em oceanos.

Os rios autocentrados e as visões estreitas com margens delimitadas pelos acontecimentos aleatórios da vida, desembocando no oceano da espiritualidade elevada de Pai Oxalá, no mundo de unidade, de abundância, de grande profundidade e vida, de pluralidade, de valores elevados e com sentido.

Mãe Olossá nos ajuda a ver a passagem rápida desta encarnação, que, como um vulto, em questão de algumas décadas, caso não desencarnemos antes, passa a ser apenas uma memória ou lembrança longínqua. Apenas numa vida com sentido e altruísta conseguiremos nos sentir úteis e com o verdadeiro sentido de sucesso, sendo nossas atitudes de amparo à comunidade e a nós mesmos o único movimento vivo e verdadeiro que se retroalimentará e beneficiará a todos durante e após esta encarnação, o único modo de uma lembrança ou memória virar um exemplo, uma forma de benefício que passou e, quem sabe, continuar agindo em benefício da humanidade e sua família terrena como um todo.

Que nossos rios possam desembocar no mar onde a profunda satisfação, a aspiração e engajamento pela paz e bem-aventurança de todos sejam o significado da palavra Existência.

Expressão constituinte: Aspiração e Espiritualidade.

Cor simbólica: Verde claro ou Branco leitoso.

Ponto natural: Ponto de encontro de rio com o mar.

Elemento vegetal: Vegetação espontânea em área de encontro de rios com o mar ou que surja em comunhão da riqueza da água doce e salgada, como a vida vegetal marinha a exemplo das algas.

Semente: Sementes dos vegetais do Orixá.

Elemento aquático e telúrico: Do ponto natural do Orixá e/ou de ação direta ao chacra que o mesmo haja.

Elemento ígneo: Vela na cor simbólica do Orixá ou fogo ritual feito com elementos do Orixá.

Saudação: Salve Mãe Olossá.

OXALÁ

A expressão divina que surge frente à presença de fé ou espiritualidade elevada formada pelo movimento de esperança ou presença de sentido elevado de existência, fraternidade, humildade e amor.

O amor é uma consciência de inclusão, inclusão do outro.

O amor faz surgir a humildade:

– O olhar que vê o conjunto da humanidade e da vida na Terra como algo mais importante do que a mim mesmo, o outro como algo a ser respeitado. Vejo o próximo como algo precioso.

A humildade faz surgir a fraternidade:

– Vejo a todos como irmãos e irmãs, que devem ter seus sofrimentos aliviados e cessados, suas felicidades cultivadas e multiplicadas.

A fraternidade faz surgir a esperança ou presença de sentido elevado de existência:

– O sentido de minha vida independente das atividades laborais ou religiosas é ser feliz e sofrer menos, é relacionar-me com a sociedade para propiciar felicidade e amparar o sofrimento.

A presença de esperança ou de sentido elevado de existência faz surgir a presença de fé ou espiritualidade elevada/superior.

É a partir da aspiração salutar advinda do amor que a humildade, a fraternidade e a presença de sentido surgem, nos levando a manifestar qualidades positivas de forma natural, independente das condições do mundo.

Oxalá é o Orixá que nos faz ver o mundo de forma elevada, onde os valores nobres, como a presença de fé ou espiritualidade elevada, formada pelo movimento de presença de esperança ou sentido elevado de existência, fraternidade, humildade e amor, são vistos e regados.

Aquele que manifesta Pai Oxalá está sempre vendo as coisas de forma mais ampla e benéfica, alegrando-se com a possibilidade que a vida possibilita de conectar-se com a espiritualidade benéfica e benevolente.

Pai Oxalá abençoa cada segundo de nosso dia e noite. Manifestando-o, podemos ver a humanidade como uma unidade, e esta unidade feita de todas as formas de vida.

Ele traz em si a síntese da espiritualidade elevada, da cosmoética, da vida com sentido, pois se baseia em viver em harmonia e para trazer benefício a todos, fazendo-nos regozijar com o bem que há no mundo, com todas as coisas que há nele, é o Pai Orixá da fé ou espiritualidade elevada.

Mesmo se vivermos atribulados, caso tivermos a aspiração de realizar a caridade, palavra que resume amor fraterno engajado ou bondade engajada, temos uma vida cheia de axé. Nossa felicidade passa a vir do que trazemos ao mundo e não do que pegamos dele.

Fé não tem denotação religiosa ou sequer é sinônimo de acreditar, de esperar por algum retorno divino ou de acreditar cegamente, esta é uma visão configurada que vemos na predisposição cultural popular católica, judaico-cristã e protestante.

Ser movido por fé é ser movido por algo elevado, uma consciência de aspiração divina, de esperança.

Esperança é uma virtude divina, a união de perseverança e crença virtuosa, nada tem a ver com a ação de esperar por algo. Esperança é um posicionamento de aspiração e atitude consciencial elevada.

A partir de Pai Oxalá regozijamos pela fé ou espiritualidade elevada em nós, no outro e no mundo.

Expressão constituinte: Aspiração e Espiritualidade.
Cor simbólica: Branco cristal.
Ponto natural: Céu e estrelas, horizonte do mar quando em céu aberto e com sol ou campo aberto de vegetação rasteira.
Elemento vegetal: Vegetaçao purificadora como salsiha, boldo, manjericão, manjerona, sálvia e com muito líquido, cor clara e gosto gosto doce e sutil como o melão, o coco e a carambola, flores brancas como rosas brancas, cravos e lírios.
Semente: Sementes dos vegetais do Orixá.
Elemento aquático e telúrico: Do ponto natural do Orixá e/ou de ação direta ao chacra que o mesmo haja.
Elemento ígneo: Vela na cor simbólica do Orixá ou fogo ritual feito com elementos do Orixá.
Saudação: Salve Pai Oxalá.

A expressão divina que surge frente à expressão energo primária em desarmonia, devido ao não reconhecimento da transubstancialidade.

Pai Afefê é o Orixá que aparece como o som do vento que vem da natureza, em específico o do topo de montanhas. Os conteúdos produzidos a partir da dinâmica de apreensão e expressão frente a movimentos, que a partir de um processo de criação passivo e ativo formam a expressão energo primária que produzirá, consequentemente, as expressões energo secundárias que são por exemplo as energo causais e energo mentais.

As expressões energo primárias são categorizadas como sendo de "poder" ou "instabilidade", as causais e mentais como sendo "harmônicas" ou "desarmônicas", de "êxtase" ou "aflição". Pai Afefê é a expressão divina que surge a partir da observação de que os sons internos e externos estão interligados, de que são essencialmente um mesmo som, de que foram catalisados por agentes catalisadores majoritariamente externos, como, por exemplo, uma ação anímica verbal ou gestual de alguém. Quando baseamos nossa vida na volatilidade do externo, é sinal de que não reconhecemos nossa transubstancialidade que, por consequência, nos fará instáveis. Pai Afefê faz a transição, nos mostrando a instabilidade resultante em nos apoiarmos nos movimentos externos como base fundamental de nosso estado. Ele nos mostra esta causa como sendo a que nos confere instabilidade.

Ao compreendermos que o som que "ouvimos", mesmo tendo agentes catalisadores internos ou externos, continua sendo "som", e sons só podem ser ouvidos por meio de nossos sentidos, que os percebem tendo nossa consciência viva de fundo, interpretando o que recebemos, a impressão resultante da percepção interpretativa do ouvir será particularmente nossa. Não só percebemos, assim como um instrumento tecnológico também percebe, mas interpretamos ao mesmo tempo. Interpretamos, pois somos consciência. Assim, a impressão resultante do ouvir é diferente para cada um. A expressão energo primária é a impressão, o olho vendo, a visão.

Aquele que não tem lucidez sobre a expressão energo primária não se vê transubstancial, manifestando assim instabilidade existencial, pois se vê substancial, possuindo então características acimentadas, tendo que ir contra, a favor ou a controlar tudo "lá fora", fora de si mesmo, para que, a partir de sua substancialidade separada das coisas, debruçado em um mundo ideal "lá fora", possa se sentir temporariamente bem.

Sendo eu coparticipante na percepção interpretativa de ouvir, de sentir os "sons que ouço" ou dos eventos que meus sentidos testemunham e produzem a impressão, não há real divisão entre som emitido e som ouvido, objeto e observador; não há minha existência separada daquilo que "ouço", que percebo com meus sentidos e interpreto gerando minha própria impressão de ouvir isso ou aquilo. Sendo assim, sem barreiras, fronteira ou separação, sou transubstancial, parte de todos os eventos que me surgem aos sentidos, sejam eles físicos ou extrafísicos.

É na compreensão do único evento composto da equação daquilo que foi emitido a mim, minha percepção sensorial física e extrafísica juntamente com minha interpretação (pois sempre tenho minha consciência viva participante de tudo que percebo), que produzo minha impressão de ouvir determinada coisa, percebo-me ser transubstancial, sem conteúdo fixo em mim, sendo eu um espaço que abriga temporariamente conteúdos, em uma fusão absorvida por minha percepção interpretativa que produz uma impressão de tal evento. Pai Afefê surge observando a expressão energo primária em desarmonia, da transubstancialidade não reconhecida a partir de uma impressão advinda da interpretação perceptiva de um movimento. Entende-se como "movimento" todo e qualquer conteúdo que chegue aos nossos sentidos físicos e extrafísicos. Temos de ter responsabilidade sobre nosso olhar, e não colocar a culpa de nosso sofrimento aqui ou acolá. Quanto mais poder damos ao que está fora, menos poder temos dentro, ficamos instáveis, pois nos tornamos reféns e vitimados com qualquer coisa que ocorra conosco: um dia nublado, uma cara mal-humorada, uma agressão verbal, uma doença etc. Quanto mais estabelecidos estamos no que está fora, nos outros e nas outras coisas, menos poder nós temos.

Pai Afefê é o Orixá do som externo, do som do vento do alto de montanhas. O vento do alto de montanhas é também reconhecido como um símbolo do selvagem, do inusitado, do imprevisto, do gelado, do que dá rajadas sem avisar, do que muda frequentemente, fazendo com que o que está fora determine nossa própria capacidade de nos mantermos em pé ou aquecidos. Pai Afefê também nos faz ver que, quando dependemos do outro ou das outras coisas, não temos chance de nos sentirmos seguros e estáveis, pois nos debruçamos na fluidez das coisas e pessoas do mundo como cordas ou âncoras jogadas ao vento do cume de uma montanha, em uma tentativa frustrada de buscar algum tipo de estabilidade para nós mesmos.

Expressão constituinte: Axé Expressão energo primária.

Cor simbólica: Azul claro.

Ponto natural: Alto de montanha.

Elemento vegetal: Vegetação silvestre de alto de montanha seja rasteira gramínea, arbustiva ou árvores cuníferas como o pinheiro e araucária.

Semente: Sementes dos vegetais do Orixá.

Elemento aquático e telúrico: Do ponto natural do Orixá e/ou de ação direta ao chacra que o mesmo haja.

Elemento ígneo: Vela na cor simbólica do Orixá ou fogo ritual feito com elementos do Orixá.

Saudação: Salve Pai Afefê.

AYAN

A expressão divina que surge frente à expressão energo primária em harmonia devido ao reconhecimento da transubstancialidade.

Mãe Ayan é a Orixá que aparece com um tambor na cabeça, o som da consciência, o conteúdo sutil produzido pela mesma. Veja que o tambor de Mãe Ayan não representa o tambor como um instrumento musical, caso assim fosse, ele não estaria em cima de sua cabeça. A partir do que já foi elucidado e ambientalizado sobre como se estrutura uma expressão energo primária, suas características e nuances nos ensinamentos sobre Pai Afefê, avançamos elucidando que Mãe Ayan surge observando a expressão energo primária em harmonia da transubstancialidade reconhecida a partir da impressão advinda da interpretação perceptiva de um movimento.

Aquele que tem lucidez sobre a expressão energo primária se vê transubstancial, manifestando poder existencial, abrigando idas e vindas de impressões livres, não tendo que se colocar contra, a favor ou a controlar o que estaria "lá fora", pois não há lá fora. A partir de minha própria existência criativa debruçada em minha transubstancialidade, sinto-me infinitamente bem. Lá fora e aqui dentro são uma coisa só, o som do tambor e o som desta existência, "tambor em cima de minha cabeça". Quanto mais assentados em nós mesmos, mais poder temos. Mãe Ayan é a Orixá do som da consciência/existência, o tambor é também reconhecido como símbolo de poder, pois é ele que determina o ritmo da dança.

É somente com poder que conseguimos dançar, ter liberdade; sem poder, perdemos a liberdade. Mãe Ayan também, enquanto expressad, nos faz ver claramente que, quando dependemos do outro ou das outras coisas, não temos chance de ver nosso estado interno e nos alcalinizarmos, pois buscamos um som benéfico para nós mesmos na aleatoriedade do mundo, onde o tambor de fato deveria estar em nossa cabeça, percebendo de forma clara os sons de nossa consciência, suas expressões. O "som" é uma maravilha, independente de como for, é sempre perfeito, independente de estar ou não em ritmo, o que lhe dá harmonia somos nós mesmos, ao simplesmente contemplarmos o compasso que foi dado.

Expressão constituinte: Axé Expressão energo primária.

Cor simbólica: Marrom e Amarelo ou Marrom e Verde.

Ponto natural: Pradaria.

Elemento vegetal: Vegetação silvestre de pradaria que não seja arbustiva a exemplo do capim chorão e alecrim do campo "folhinhas mais grossas".

Semente: Sementes dos vegetais do Orixá.

Elemento aquático e telúrico: Do ponto natural do Orixá e/ou de ação direta ao chacra que o mesmo haja.

Elemento ígneo: Vela na cor simbólica do Orixá ou fogo ritual feito com elementos do Orixá.

Saudação: Salve Mãe Ayan.

XANGÔ

A expressão divina que surge frente à dinâmica da causalidade, onde toda ação tem uma reação, toda causa tem efeito.

Um dos motivos de a dinâmica da vida existir é justamente a dança que a lei da causalidade promove, dando movimento e ritmo a tudo no Universo.

Pai Xangô, com seu machado de duas faces, "corta" a incompreensão quanto à lei de causa e efeito, ação e reação. Cada face da lâmina representa um destes elementos da "justiça" divina.

Se manifestamos a consciência de Pai Xangô, vemos que toda ação que realizamos terá uma reação.

Toda causa positiva que realizemos gerará um efeito positivo.

Toda causa negativa que realizemos gerará um efeito negativo.

Deus é justo, o julgamento é instantâneo e realizado pela própria pessoa que agiu. Quando realmente olhamos a vida a partir da consciência de Pai Xangô, vemos que nada é impune, perdido, torto ou inconstante no Universo.

Não há um Deus ou Orixá "lá fora" que anota as nossas ações e determina sentenças, nós é que determinamos as sentenças de forma imediata para cada ação que realizamos, seja uma ação em nível mental, energética, verbal ou gestual.

Somos por vezes como que zumbis, sonâmbulos no mundo, agimos de forma aleatória, sem razão, a ponto de, quando o efeito de ações negativas que cometemos em um passado recente ou longínquo surge para nós, interpretamos como uma injustiça, nos vitimizamos ou, pior ainda, culpamos os outros pelo que nos ocorre, enquanto apenas nós somos os senhores de nossas próprias existências, ninguém mais.

Quando começamos a manifestar Pai Xangô, passamos a ter responsabilidade sobre nossas ações e com o que nos ocorre, tomamos as rédeas de nossa vida. Tornamo-nos centrados, estáveis como uma montanha, e assim como um fogo que naturalmente queima tudo em que encosta, queimamos qualquer possibilidade de realizar uma ação negativa, pois, sabendo da lei da causalidade, independente da justificativa que tomemos para embasar de forma autocentrada uma ação negativa, ela simplesmente não ocorrerá.

Vemos que as ações positivas que realizemos gerarão efeito positivo que poderá ser uma base benéfica para que outras pessoas possam gerar futuras ações positivas.

Assim, entendemos que Pai Xangô nos mostra a justiça natural do mundo.

Expressão constituinte: Axé Expressão energo causal reflexiva.

Cor simbólica: Marrom ou vermelho.

Ponto natural: Pés de montanha ou fogo.

Elemento vegetal: Vegetação silvestre de pés e encosta de montanha como musgo de pedreira, gramíneas bem como as fortes de transformação energética como arruda, manjerona, guiné, alecrim, cacau e canela.

Semente: Sementes dos vegetais do Orixá.

Elemento aquático e telúrico: Do ponto natural do Orixá e/ou de ação direta ao chacra que o mesmo haja.

Elemento ígneo: Vela na cor simbólica do Orixá ou fogo ritual feito com elementos do Orixá.

Saudação: Salve Pai Xangô.

OBÁ

A expressão divina que surge frente à dinâmica da causalidade negativa, em que toda ação negativa tem uma reação negativa, toda causa terá um efeito, sendo, assim, possível transformarmo-nos, independente de considerarmos nós mesmos ou outros seres como malévolos ou sem solução.

A causalidade é o ritmo da vida. A lei da causalidade é chamada de "lei" apenas em nosso contexto de ciência humana, pois a causalidade é o que dá capacidade de frutificação de tudo no mundo, é a qualidade básica da malha do Universo.

Mãe Obá nos ensina a ver que não existe impunidade, e que, cedo ou tarde, todos teremos a coragem e humildade em reconhecer a autoria de tudo que nos ocorre. Não há um culpado ou um outro senhor de nossa vida a não ser nós mesmos.

O outro que vemos realizando uma ação negativa, saibamos nós, já tem as contas acertadas consigo mesmo, principalmente com o outro a quem veio a abusar, pois sua sentença foi determinada por si, como se com sua mão esquerda estivesse agredindo enquanto a direita batesse o martelo, selando o que irá receber no futuro com base no que acabou de realizar.

Não criemos nenhum tipo de sentimento interno de impunidade com qualquer pessoa que tenha cometido ações negativas, saibamos que ela aprenderá e experimentará a vida de forma mais ampla e construtiva em algum momento no futuro.

Mãe Obá nos fazer ver que, por mais que venhamos a ser tão umbralinos, a ponto de odiarmos alguém e querer puni-lo de alguma forma terrível por ter feito isso ou aquilo conosco, a cada chibatada que dermos nesta pessoa, outra virá a nós mesmos, a sentença ocorrerá ao mesmo tempo, mesmo que o efeito não pareça surgir de forma instantânea.

Manifestando Mãe Obá, vemos a situação difícil em que se encontra aquele que comete ações negativas, vemos claramente a grande perturbação e os enormes desafios que terá logo em frente e, desta forma, aspiramos a que ele ou ela, o mais rápido possível, comungue com esta Mãe Orixá, entenda o que é a vida, o viver, a dança e o passo que está marcando com seus próprios pés.

Muitos estão em situações difíceis na vida. É em meio às turbulências que devem empunhar o escudo e a lâmina de Mãe Obá – o escudo que sabe receber os efeitos negativos, sendo desta forma que a pessoa se imbui de coragem e sabedoria, de poder sobre qualquer causalidade negativa que venha contra si, pois sabe que foi gerada por ela mesma em um passado recente.

Ela sabe que é necessário um "BASTA" para que, com a lâmina de Mãe Obá, passe a cortar as ações negativas, transformando naturalmente seu caminhar, que passa a ser através da sabedoria das Sete Linhas, de Mãe Obá, passando a ver a causalidade por uma ótica em que não estará mais realizando tal ação negativa, bem como aspirando a isso do fundo de seu coração em todas as direções.

Esta aspiração genuína fará com que ele(a) tenha uma causa que contribua para se movimentar em uma direção construtiva, mais ampla.

Não é sempre que conseguimos verbalizar algo a outrem, mas nem por isso devemos nos sentir incapazes frente a estes eventos. Imbua o próximo com a sabedoria de Mãe Obá, que cedo ou tarde todos aprenderão a dançar.

Expressão constituinte: Axé Expressão energo causal reflexiva.
Cor simbólica: Vermelho.

Ponto natural: Grandes quedas de água ou solo rico em minerais.
Elemento vegetal: Vegetação silvestre de grandes quedas de água como a taioba ou a folha do café que precisa de solo rico.
Semente: Sementes dos vegetais do Orixá.
Elemento aquático e telúrico: Do ponto natural do Orixá e/ou de ação direta ao chacra que o mesmo haja.
Elemento ígneo: Vela na cor simbólica do Orixá ou fogo ritual feito com elementos do Orixá.
Saudação: Salve Mãe Obá.

NANÃ-BUROQUÊ

A expressão divina que surge frente aos hábitos negativos superficiais que operamos corriqueiramente, decantando-os através da abstenção de dar-lhes energia, deixando-os descer naturalmente e sem força para a base de nossa consciência, retirando, assim, todo o "peso" que está a turvar e escurecer nosso caminho de existência.

Nanã "decanta o que pesa", ela nos faz deixar de fazer o que nos impede de dar continuidade e livre consistência no caminho.

Vivemos a vida em relação, estamos constantemente nos relacionando através de ações com tudo e com todos; todas as ações, quando repetidas, geram um hábito de realizá-las.

Ações negativas geram hábitos negativos e tais hábitos permanecem presentes em paralelo com os hábitos positivos.

Hábitos que dão impulso às nossas ações; parte desses hábitos são os negativos frequentes, hábitos que são corriqueiros e em operação em nossa vida cotidiana, e por isso mais facilmente percebidos e identificados.

É necessário que tais hábitos sejam "mortos", "reciclados". Para isso, existe o trato com compreensão divina, a fim de dar-lhes um lúcido tratamento.

Mãe Nanã é considerada uma Orixá da Morte, morte do que está "vivo", "dinâmico" e é pernicioso.

Todo hábito negativo habitual, quando percebido, deve também ser compreendido no sentido de que se manifestou porque houve uma energia que o regou, energia essa que é retroalimentada por nossas ações. Nós ofertamos energia para que os hábitos possam estar em operação em nossa vida, damos força a eles e os propagamos. Basta não darmos energia a esses hábitos negativos que eles, naturalmente, por falta de agitação, decantam.

Pouco a pouco, a terra que paira na superfície do lago passa a decantar e descer para o fundo. Decantar é o movimento de Mãe Nanã-Buroquê, senhora da chuva, dos rios e lagos subterrâneos.

Senhora da chuva que surge do encontro de nuvens carregadas com frentes frias, que desce até a terra e vai até os lençóis freáticos.

Senhora da terra que, quando não agitada, desce ao fundo dos rios e lagos, formando lodo; senhora também dos pântanos e manguezais.

Senhora que decanta, que pega o que está "carregado" e "denso", hábitos negativos, exemplificado por nuvens carregadas.

Mãe Nanã é isso, é a manifestação da consciência divina que vai de encontro à percepção de nossa densidade e "carrego", que têm raízes em nossos hábitos negativos corriqueiros, chamados tecnicamente de hábitos frequentes.

Esses hábitos começam a cair a partir do momento em que não dermos mais energia a eles. Sem energia, eles decantam até o fundo da base de nossa consciência e deixam de ser operacionalizados, utilizados, manifestados com frequência, passando a adormecer, não mais pesando em nossa evolução no caminho existencial.

Mãe Nanã é a perfeita consciência divina que nos amparará na decantação, precipitação, diluição e queda do que nos pesa, as negatividades que nos impedem de evoluir em nosso caminho existencial. Porém, é sabido que, após deixarmos de dar energia aos hábitos negativos usuais, somente a partir da reestruturação, da reconfiguração da base de nossa consciência, do corpo causal, a partir da relação direta com os hábitos negativos, é que a formatação de nossa operação no mundo irá pender de forma abundantemente positiva. Devemos, em meio à insalubridade do mundo, fazer florescer também os hábitos positivos, dando-lhes energia e movimento. Para tal feito sagrado, Pai Obaluaê é a consciência divina e igualmente infinita.

Expressão constituinte: Axé Expressão energo causal operativa frequente.

Cor simbólica: Roxo.

Ponto natural: Pântano rico em lodo.

Elemento vegetal: Vegetação pantanosa como vitória-régia, siriba e lírio do brejo.

Semente: Sementes dos vegetais do Orixá.

Elemento aquático e telúrico: Do ponto natural do Orixá e/ou de ação direta ao chacra que o mesmo haja.

Elemento ígneo: Vela na cor simbólica do Orixá ou fogo ritual feito com elementos do Orixá.

Saudação: Salve Mãe Nanã-Buroquê.

OBALUAÊ

A expressão divina que surge frente aos hábitos positivos superficiais que operamos corriqueiramente, dando passagem não só para tais hábitos crescerem e frutificarem livremente, mas também para a energia regá-los e impulsioná-los na evolução do caminho existencial.

Pai Obaluaê é aquele que dá passagem à positividade, fortificando, estabilizando como terra firme e seca o nosso trilhar. Ele é o solo firme que nos dá capacidade de o passo anterior dar base e propulsão ao passo seguinte e, com isso, caminharmos de forma mais estável e adiante.

Esta consciência divina manifesta-se, a partir daí, diferente de Mãe Nanã-Buroquê, que se manifesta a partir do trato com o lodo, do solo lamacento e pantanoso de nossos hábitos negativos, solo que nos tira a capacidade de caminhar, nos confere instabilidade e insegurança para tal, nos prendendo e pesando nosso trilhar existencial.

Pai Obaluaê é "a passagem" e "dá passagem ao que nos favorece", nos levando a amadurecer nossas qualidades, levando-as de um lado ao outro. Esta consciência divina enriquece nossos hábitos positivos usuais em operação, bem como nos concede capacidade de enxergar as condições favoráveis para nosso caminho evolutivo pleno – todos caminhando em direção à lucidez perfeita e coração infinito.

Obaluaê nos incita a fazer o que nos auxilie a dar continuidade e cadência no caminho. Ele estimula nossas virtudes, é nobre, é rei. Oba (rei), Ilu (espíritos) e Ayê (planeta Terra), ou seja, Rei dos Espíritos da Terra.

Senhor das passagens, aquele que engloba tanto as passagens de estágios mais lúcidos de consciência, quanto as de um estado enfermiço em estado saudável.

Graças ao correto engajamento no mundo em um passado recente, plantamos sementes de positividade que foram aguadas, germinadas e maturadas, sendo utilizadas hoje como árvores frondosas e sombra. Durante a evolução de nosso caminho, podemos notá-las ou não.

Devemos dar vazão à nossa energia, motivação e movimento em enriquecer o que nos favorece no caminho, multiplicar não só as árvores, mas as qualidades de frutas, dando sombra não apenas a nós mesmos como a todos que, ao nos encontrarem, também sejam agraciados com néctar, sombra e axé em seus caminhos, vidas, existências.

Evolução é o progresso em um caminho, não o próprio caminho. O que chamamos de Deus não fez aposta, nem erros. Somos essencialmente perfeitos, divinos e imaculáveis. O que estamos fazendo é aprender a experimentar o mundo, aprendendo a existência e evoluindo neste caminho.

Quanto mais próximos de nosso íntimo, mais divinos somos, mais amplos, mais lúcidos e sábios. Quanto mais afastados estamos do divino, mais longe estamos de nosso íntimo, buscando o divino "lá fora", em céu lá longe, mesmo que a espiritualidade diga que não é lá que estão as maravilhas, é aqui!

O ponto de força principal de Pai Obaluaê é a calunga da terra, o rosto da passagem; mesmo que o mar seja a "calunga grande", seu ponto principal é o campo santo ou cemitério, a "calunga pequena", bem como a terra em geral, terra de superfície.

O cruzeiro principal dos cemitérios é um bom local para comungar com este Orixá, pois a cruz representa passagem e transformação, características deste divino Orixá.

Expressão constituinte: Axé Expressão energo causal operativa frequente.
Cor simbólica: Preto ou Preto e Branco.
Ponto natural: Terra firme de superfície.
Elemento vegetal: Vegetal rasteiro e arbustivo, flores claras e irradiadoras; mamona Branca, lágrimas de Nossa Senhora, palha da costa, cravo branco, crisântemo branco e coco.
Semente: Sementes dos vegetais do Orixá.
Elemento aquático e telúrico: Do ponto natural do Orixá e/ou de ação direta ao chacra que o mesmo haja.
Elemento ígneo: Vela na cor simbólica do Orixá ou fogo ritual feito com elementos do Orixá.
Saudação: Pai Obaluaê.

A expressão divina que surge frente aos hábitos negativos adormecidos, que não estão operacionalizados, mas emergem quando eventos infrequentes se apresentam a nós, catalisando o surgimento de fúria, cólera ou qualquer outra expressão de negatividade adormecida e não tratada.

Hábitos não operacionalizados ou profundos geralmente são antigos, possuem um efeito de longa duração/sequela quando surgidos, se referem a um evento longínquo no passado.

Esses hábitos são de surgimento não corriqueiro, infrequente, raro, pois dependem de um evento semelhante surgir novamente. É em condições raras, no momento do ressurgimento dessas causas, que somos tomados pelos impulsos desses antigos hábitos adormecidos.

Não estamos, nem de longe, acostumados a notar os hábitos negativos profundos, adormecidos e não operados, que esperam um agente catalisador, um evento, uma ambientação para despertar, operar por um tempo e depois voltar ao abismo.

Tal agente catalisador pode ter sido um pensamento sobre determinada coisa, sempre surgido de forma despercebida ou na forma mais fácil de ser percebida, quando algo ou alguém vem a nosso encontro, dando origem a determinado evento.

O surgimento de tal hábito ou impulso ocorre como se um titã tomado por cólera surgisse enfurecido do fundo do oceano de nossa consciência, aparentemente do nada, onde uma onda enfurecida de agressões verbais ou mentais jorra em tudo e em nós mesmos, porém, durante ou mesmo após o incidente, sequer sabemos direito como ocorreu, mas sabemos que dói, que é irracional, incomum e raro.

O gatilho pode ter sido uma ameaça de traição, uma ameaça de ter que mudar de cidade, de ter que cortar o cabelo, uma unha, qualquer coisa aparentemente comum, mas que, quando surge, não apenas nos desestabiliza, como qualquer outro desafio, mas nos deixa literalmente mal, o coração sente, o estômago se revira, o corpo esfria ou esquenta, a garganta fecha, falta ou sobra saliva, simplesmente não temos controle e aquilo se manifesta, não vemos o impulso vindo, não vemos direito durante e também não vemos quando vai embora, geralmente vemos só as sequelas, o rastro da destruição interna e externa.

Pai Olokun é o Orixá das profundezas do oceano, lá onde a luz do sol da consciência, da atenção e da observação não chega.

Ele está associado a estar isolado lá longe, representaria em lenda a ira e a cólera, e quando despertado, poderá surgir e destruir o mundo em volta de si.

O senhor das profundezas, aquele que se manifesta a partir da cólera e da ira esquecidas, a sabedoria divina que se encontra no fundo dos oceanos, no reino longínquo, cheio de coisas que afundaram e foram esquecidas, o fundo dos mares, do mundo interno da consciência, Pai Olokun.

Expressão constituinte: Axé Expressão energo causal operativa infrequente.

Cor simbólica: Preto ou Azul escuro.

Ponto natural: Fundo do mar.

Elemento vegetal: Vegetal sem incidência de luz como os cogumelos, no mar se encontra na decomposição do algas marinhas.

Semente: Sementes dos vegetais do Orixá.

Elemento aquático e telúrico: Do ponto natural do Orixá e/ou de ação direta ao chacra que o mesmo haja.

Elemento ígneo: Vela na cor simbólica do Orixá ou fogo ritual feito com elementos do Orixá.

Saudação: Salve Pai Olokun.

MÃE IYAMI-AJÉ

A expressão divina que surge frente aos hábitos positivos adormecidos, que não estão operacionalizados, mas emergem quando eventos infrequentes se apresentam a nós, catalisando o surgimento de amor fraterno ou qualquer expressão de positividade adormecida por não ter se mantido o seu cultivo.

Mãe Iyami-Ajé nos faz acordar para o fato de em nós existirem virtudes adormecidas, lindas e radiantes, mas que estão longe, no espaço profundo de nossa consciência, voando sem rumo aparente e silenciosas como uma livre coruja.

O simbolismo da coruja: qualidades lúcidas, olhos abertos, brilhantes, de amplidão, a observar toda e qualquer dimensão de experimentação, em todos os lados, em torno de nós e ao redor de nós. Ela se encontra lá de cima, podendo realizar maravilhas, mas, por não ser alimentada, cultivada, não conseguimos nos relacionar com ela, permanecendo assim com hábitos noturnos, voando silenciosamente na escuridão. Vez ou outra aparece, nos alegramos, mas assim como veio, ela vai.

Em um passado, distante ou não, estávamos a manifestar positividade em relação a um evento quando, devido à dinâmica causal do tempo, tais ocorrências cessaram e também cessaram nossas ações condizentes com tais eventos e seus hábitos decorrentes.

O pássaro sem alimento voou livre e sem rumo, nossos impulsos positivos em determinada direção foram registrados, mas não estão mais em operação.

Aproveitemos, reconheçamos e reguemos tais virtudes esquecidas através da manifestação de Mãe Iyami-Ajé, a grande mãe das virtudes, aquela que dá frutos abundantes e generosos. A Mãe Orixá representada pela estrela que brilha à noite, o jasmim que possui um perfume que, mesmo de longe, é impossível não reconhecer ou notar, a jaqueira com suas jacas que podem pesar muitos quilos, frutas gordas, ovais, representando o órgão reprodutor feminino, trazendo as cores do amarelo e do verde, o verde da vida, da dinâmica vegetal, o amarelo do amadurecimento espiritual, a virtude, a vida propagadora, presente e sendo amadurecida.

Mãe Iyami-Ajé na Umbanda é a senhora das virtudes, da excelência. Esta consciência é também comungada e interpretada de forma similar, logicamente com disposições culturais e religiosas específicas, como Atena, deusa grega. Assim como Afrodite é dita com a mesma consciência que interpretamos na Umbanda, com disposições culturais e religiosas específicas, como Oxum.

Geralmente nos surpreendemos com o surgimento de um impulso positivo incomum, porém, de alguma forma, estando nós sonolentos quanto a nossas expressões conscienciais, não somos verdadeiramente despertos pela incomum e anormal manifestação de positividade, nem sequer identificamos a causa catalisadora e nem mesmo damos mais energia para tal hábito entrar em operação de forma mais frequente, despertando-o. Não o retroalimentamos com ações, não engrandecemos tal virtude adormecida que não é mais exercitada, na maioria das vezes, sequer vemos tal hábito surgir.

Tal Orixá é tão pouco conhecido na Umbanda quanto sua falange mais representativa, as senhoras bombo-giras estrela dourada, mães guerreiras, nobres damas que, cantando e rimando, nos regam a positividade mais profunda, fazendo aflorar hábitos há muito adormecidos.

Expressão constituinte: Axé Expressão energo causal operativa infrequente.
Cor simbólica: Amarelo e Marrom.
Ponto natural: Vegetação montanhosa.
Elemento vegetal: Vegetação silvestre de área montanhosa ou que seja purificadora e libere as expressões energo-mentais pré-cognitivas discursivas como a jasmim e anis estrelado.
Semente: Sementes dos vegetais do Orixá.
Elemento aquático e telúrico: Do ponto natural do Orixá e/ou de ação direta ao chacra que o mesmo haja.
Elemento ígneo: Vela na cor simbólica do Orixá ou fogo ritual feito com elementos do Orixá.
Saudação: Salve Mãe Iyami Ajé.

DANGBÉ

A expressão divina que surge frente à liberdade dos referenciais de hábitos.

Quando a expressão energo consciencial passa pelo corpo causal, ela pode ou não permitir ser condicionada pelos hábitos, referenciada (olhar viciadamente) a partir de uma memória consciente ou inconsciente.

Quando estamos verdadeiramente manifestando poder consciencial, mesmo possuindo hábitos, eles emergem com tão pouca energia que a sensação que temos é como se estivéssemos vendo tudo novo o tempo todo, tudo fresco, limpo, disponível, a ser mais explorado.

Essa liberdade de manipular e brincar com os hábitos que condicionariam nossas expressões é em si uma expressão livre dos referenciais de hábitos.

Se vejo o outro e surge um hábito positivo referente a ele, pode ser que este hábito positivo não seja o mais adequado dentro do prisma de necessidade consciencial ao momento. Estando eu livre do meu próprio condicionamento positivo, posso realizar uma ação fresca e nova, inesperada e perfeita, independente de meu impulso.

Pai Dangbé é o Orixá do lago parado, geralmente do lago parado à noite, refletindo a lua e as estrelas sem nenhuma distorção. "Elas são tão livres no lago quanto são no céu", mesmo o lago sendo aparentemente mais limitado se comparado ao céu.

Expressão constituinte: Axé Expressão energo causal referencial.

Cor simbólica: Branco e Preto.

Ponto natural: Lago limpo e parado.

Elemento vegetal: Vegetal silvestre, rasteira e arbustiva em torno de lago de cor clara e fria.

Semente: Sementes dos vegetais do Orixá.

Elemento aquático e telúrico: Do ponto natural do Orixá e/ou de ação direta ao chacra que o mesmo haja.

Elemento ígneo: Vela na cor simbólica do Orixá ou fogo ritual feito com elementos do Orixá.

Saudação: Salve Pai Dangbé.

OMILARÉ

A expressão divina que surge frente ao condicionamento pelos referenciais de hábitos.

Quando estamos manifestando instabilidade consciencial, nossos hábitos emergirão com energia suficiente para que vejamos tudo de forma viciada e repetida, o tempo todo, mesmo que de forma positiva, não há nada fresco ou com o senso de novo, sendo como se enxergássemos através das lentes de nossa memória consciente ou inconsciente.

Podemos estar de frente a uma pessoa que não vemos há 10 anos, que estamos vendo a memória que temos dela há 10 anos, a olhamos com ar viciado, antigo, referenciado, habitual, o que é uma falta total de liberdade frente ao nosso próprio corpo causal, impossibilitando de ver a vida de forma realista, de que nada é igual, de que há uma riqueza colorida e de eterno frescor a todo instante, em todos os lugares e em todas as pessoas.

Não vejo o que está à minha frente, mas sim meus hábitos referentes ao que está à minha frente. Mesmo eles sendo bons, são hábitos, não são frescos e podem não ser a opção mais precisa no manancial divino de possibilidades. Por isso a necessidade de, além de sabermos lidar com os hábitos positivos e negativos, nossos e dos outros, reconhecermos que estamos referenciados por eles e podemos, assim que possível, estar livres deles, os utilizando de forma útil e precisa, em um espaço amplo de frescor e possibilidades muito mais além e mais amplo do que nossos hábitos.

Isto é possível pois, afinal, todos os corpos sutis surgem dentro do espaço do corpo espiritual puro, todas as expressões energo surgem a partir do e no espaço da expressão energo consciencial. O corpo espiritual puro abarcando todos os corpos, assim como a dimensão espiritual pura abarca todas as dimensões. Todos os corpos e expressões interligados, sendo o espírito, corpo espiritual puro ou consciência, quem governa em todos eles.

Mãe Omilaré é a Orixá do lago turvo, pantanoso, com muita lama, vegetação espessa e galhos, o que, à noite, nos impossibilita de saber que lua está no céu, apenas vendo um claro borrão refletido nele.

Não sabemos se o céu está carregado ou não, estrelado ou não.

Refletindo a lua e as estrelas com grande distorção, "elas estão presas, distorcidas, não tão amplas, livres e brilhantes no lago quanto estão no céu".

Esta Orixá nos mostra essa realidade, nos levando a naturalmente soltarmos os referenciais que nos turvam, deixando nossa vida borrada, sem clareza e turva.

Expressão constituinte: Axé Expressão energo causal referencial.

Cor simbólica: Marrom e verde ou Marrom e roxo.

Ponto natural: Lago pantanoso e parado.

Elemento vegetal: Vegetal silvestre, rasteira e arbustiva em torno pântano pequeno e profundo, que seja de cor viva e quente.

Semente: Sementes dos vegetais do Orixá.

Elemento aquático e telúrico: Do ponto natural do Orixá e/ou de ação direta ao chacra que o mesmo haja.

Elemento ígneo: Vela na cor simbólica do Orixá ou fogo ritual feito com elementos do Orixá.

Saudação: Salve Mãe Omilaré.

AKUERARAM

A expressão divina que surge frente à liberdade relacionada à fluidez de todas as coisas.

Quando estamos manifestando poder consciencial e liberdade frente a nossos hábitos, vemos tudo com frescor, não estabelecemos relação de dependência com o que vem ou com o que vai, pois estamos expressando uma consciência que vai além disso.

Nós nos soltamos junto com o movimento natural das coisas, pois sabemos que, em verdade, nas coisas em si não existe nada; existe, sim, em meu íntimo, sendo toda cor e forma do mundo apenas uma âncora desnecessária para pousar meu manancial infinito de expressões, que é livre de hábitos.

O poder consciencial nos levou à liberdade causal, que originou a generosidade fluídico-experimental – tudo que vem, vem bem e ainda não depende daquilo.

Sempre que dependo de algo, em verdade, não consigo ser plenamente generoso. Só sou plenamente generoso quando não dependo de nada, simplesmente regozijo do infinito *display* de possibilidades internas e externas. Como não dependo das coisas, manifesto generosidade fluídico-experimental. Generosidade referente à experimentação quanto à fluidez das coisas, a origem da generosidade que vemos já no nível de objetos físicos.

As coisas vêm e vão. Naturalmente, este movimento existe devido à dinâmica de causalidade; toda causa tem um efeito e é esta característica inerente à dança das manifestações, independente de dimensão, algo a ser apreciado por si só. Se o que vem a mim é benéfico ou maléfico, positivo ou negativo, estou além de posicionamento e tenho total noção de não exercer controle sobre a dança, que é incontrolável por ter constituição sem substância estática ou dura.

As coisas, por serem dinâmicas e fluídicas, podem ser consideradas insubstanciais, pois as propriedades podem mudar a aparente configuração de forma completa, pois não têm nenhuma âncora em si mesmas, a não ser na propriedade fluídica, que deveria se apreciar como um movimento milagroso, encantado e magicamente dinâmico.

É somente a partir dessa consciência divina de encantamento que posso brincar e apreciar o que é de bom e aproveitar o que é de ruim; desta feita, sou mais amplo do que aquilo que vem a mim, e livre e lucidamente experimento.

Posso ser livre frente àquilo que estou apreciando, sem necessidade de controle, que é composto por imobilização e conservação, vendo tudo amplo em possibilidades de apresentação, dinâmico e fluídico.

Pai Akueraram é o Orixá pavão, a ave que come de tudo, sementes, frutas, ovos, minhocas, insetos, carne nova, viva, fresca, podre, tanto faz; independente do que vem a ela, ela continua a comer, aproveitar, crescer e se tornar a ave livre e majestosa que é.

Expressão constituinte: Axé Expressão energo causal fluídica experimental.

Cor simbólica: As sete cores do arco-íris.

Ponto natural: Em morros em meio a mata fechada.

Elemento vegetal: Vegetal silvestre e trepadeira de mata fechada com pouca incidencia indireta de luz do sol.

Semente: Sementes dos vegetais do Orixá.

Elemento aquático e telúrico: Do ponto natural do Orixá e/ou de ação direta ao chacra que o mesmo haja.

Elemento ígneo: Vela na cor simbólica do Orixá ou fogo ritual feito com elementos do Orixá.

Saudação: Salve Pai Akueraram.

KONLÁ

A expressão divina que surge frente a prisão dinâmica relacionada à fluidez de todas as coisas.

A instabilidade consciencial deu origem à referenciação causal, originando a avareza fluídico-experimental – tudo que vem e for bom, fico feliz, então puxo e agarro; se for ruim, fico triste, então empurro e fujo.

Dependo daquilo que vem para saber se fico feliz ou triste.

Sempre que dependo de algo, em verdade não consigo ser plenamente generoso, só sou plenamente generoso quando não dependo de nada. Quando dependo das coisas, manifesto avareza, avareza fluídico-experimental – avareza referente à experimentação quanto à fluidez das coisas, a origem da avareza que vemos já em nível de objetos físicos.

Mãe Konlá é a Orixá que aparece agarrada nas riquezas do mar.

Vaidosa, surge em meio ao mar agarrada em pérolas, corais e outras joias diversas, vestida com metais preciosos misturados em uma rede de limo, musgo, algas e plâncton.

Ela puxa e afoga todos os que se aproximam, roubando suas joias e acumulando riquezas que ela não consegue manter, pois se esvaem com as ondas e a maré. Nas lendas, afogaria os pescadores, achando que eles poderiam querer suas joias, e por isso a temeriam.

Expressão constituinte: Axé Expressão energo causal fluídica experimental.
Cor simbólica: Azul e Verde.
Ponto natural: Áreas marinhas com muita alga e pâncton.
Elemento vegetal: Alga e plâncton.
Semente: Sementes dos vegetais do Orixá.
Elemento aquático e telúrico: Do ponto natural do Orixá e/ou de ação direta ao chacra que o mesmo haja.
Elemento ígneo: Vela na cor simbólica do Orixá ou fogo ritual feito com elementos do Orixá.
Saudação: Salve Mãe konlá.

ONIRÁ

A expressão divina que surge frente aos arranjos temporais relacionados à fluidez de todas as coisas e sabe como lidar com eles.

A dinâmica das coisas indo, vindo e mudando devido à fluidez derivada de sua insubstancialidade, originada pela causalidade, nos coloca à frente de manifestações benéficas e maléficas, construtivas e destrutivas, favoráveis e desfavoráveis, em períodos de espaço-tempo, janelas temporais, que originarão arranjos temporais.

Assim sendo, a fluidez de manifestação de todas as coisas em um determinado período de tempo, chamado janela temporal, é um arranjo temporal. Esses arranjos temporais podem ser benéficos ou maléficos.

A manifestação de Mãe Onirá, consciência divina manifestada na relação com arranjos temporais tanto benéficos quanto maléficos, é mais fácil de ser realizada e compreendida se o umbandista ou praticante leigo já tiver também manifestado outros Orixás que surgem na comunhão com a consciência em si e com a causalidade, como a noção de poder consciencial, a liberdade referencial e a generosidade fluídico-experimental.

Mãe Onirá é a Mãe Orixá que tanto oferta flores às borboletas de riacho, quanto se coloca em cima da parte seca (pequena ilha), no centro de riacho raso, se estabelecendo segura quanto aos búfalos africanos que aparecem em manada para beber água no riacho em que se encontra.

Ela vê os arranjos temporais maléficos de forma vigilante, observando sua passagem e não contribuindo para seu crescimento, bem como também vê os arranjos temporais benéficos de forma vigilante, apreciando sua passagem e contribuindo para seu crescimento e extensão, assim como para sua maior exposição ou janela temporal de manifestação.

O mundo, quando estamos manifestando Mãe Onirá, se torna encantado e recheado de oportunidades de ritmo em variadas danças que se colocam manifestadas no *continuum* espaço-tempo.

Expressão constituinte: Axé Expressão energo causal fluídica experimental.
Cor simbólica: Rosa.
Ponto natural: Solo em baixo de riachos rasos.
Elemento vegetal: Vegetal silvestre a beira de riachos.
Semente: Sementes dos vegetais do Orixá.
Elemento aquático e telúrico: Do ponto natural do Orixá e/ou de ação direta ao chacra que o mesmo haja.

Elemento ígneo: Vela na cor simbólica do Orixá ou fogo ritual feito com elementos do Orixá.

Saudação: Salve Mãe Onirá.

A expressão divina que surge frente aos arranjos temporais relacionados à fluidez de todas as coisas e coloca-se como um propiciador de arranjo benéfico.

Pai Irôko é o Pai Orixá que, a partir da observação divinamente lúcida dos arranjos temporais, se coloca como propiciador de um arranjo temporal benéfico, manifestando-se como fonte de benefícios, independente de serem ou não originados dele mesmo.

Coloca-se como que em relação em rede, em comunidade, de forma a dar congruência a conexões benéficas a todos que venham a ter contato consigo. Assim como uma árvore está em harmonia com o sol, a lua, a chuva, o solo, a vegetação e os minerais, criando raiz, crescendo, dando sombra e propiciando frutos, Pai Irôko manifestado nos coloca em harmonia com o meio através da propiciação de benefícios.

É uma parte propiciadora de um arranjo temporal benéfico ao invés de simplesmente corrermos na direção de arranjos benéficos já existentes para a simples extração de benefício próprio, assim como um pássaro faz ao pousar de galho em galho.

Irôko é uma árvore colossal, com mais de 40 metros de altura, o que por si só já demonstra ancestralidade, grande janela temporal, onde por muito tempo propiciou benefício ao seu entorno, arranjo temporal benéfico.

Utiliza seu próprio corpo em comunhão com os astros e a terra, numa rica disposição de benefícios independente de preferências, afinal, a árvore não seleciona a quem oferta sombra.

Manifestando este Pai Orixá, transformamos nós mesmos em propiciadores de benefícios manifestados no *continuum* espaço-tempo.

Expressão constituinte: Axé Expressão energo causal fluídica experimental.

Cor simbólica: Verde e Marrom ou Marrom.

Ponto natural: Tronco e raiz de árvores de grande porte.

Elemento vegetal: Trepadeiras de árvore.

Semente: Sementes dos vegetais do Orixá.

Elemento aquático e telúrico: Do ponto natural do Orixá e/ou de ação direta ao chacra que o mesmo haja.

Elemento ígneo: Vela na cor simbólica do Orixá ou fogo ritual feito com elementos do Orixá.

Saudação: Salve Pai Irôko.

OROINÁ

A expressão divina que surge frente à expressão energo mental pré-cognitiva desconstrutiva que acabará por contribuir com um estado mental enfermo.

Uma expressão da consciência produz energia consciente, descendo fisiologicamente e produzindo movimento na dimensão causal e mental.

Os pré-cognitivos são a base dos movimentos cognitivos que, por sua vez, são os conteúdos mentais, sendo eles discursivos (pensamentos), não discursivos (emoções) e anímicos verbal (fala) e gestual (movimento de corpo).

Todo movimento ou ação de corpo, a exemplo dos corpos astral, etérico e físico, é precedido de movimento ou ação de corpo mental.

Quando temos a energia-base do corpo mental em desarmonia, é como se fogo estivesse ardendo, em estado de inquietude, efervescência e ebulição. Quando o fogo é deixado queimando sem a presença da consciência e manobra lúcida, é um fogo destruidor.

Quando há a manifestação de uma consciência divina surgida do "fogo" para lidar com o "fogo", o fogo destruidor torna-se um fogo purificador, pois o fogo sem ser divinizado permanece sendo desarmonia energética que é a base para a produção de aflição cognitiva, e a aflição cognitiva produzirá o movimento mental desconstrutivo, que trará danos a nós mesmos e ao meio, alimentando nossos vícios.

Quando Mãe Oroiná é manifestada, o fogo destruidor se torna fogo purificador, a energia em desarmonia perde inquietação e ebulição, fazendo com que nossa base mental ácida passe a ser alcalina, produzindo frutos e não mais espinhos. Mãe Oroiná é a Mãe Orixá da lava subterrânea, a base de fogo efervescente, que não se vê, mas sabemos que está aqui.

Expressão constituinte: Axé Expressão energo mental pré-cognitiva.
Cor simbólica: Laranja ou vermelho.
Ponto natural: Magma.
Elemento vegetal: Vegetação silvestre em áreas vulcânicas.
Semente: Sementes dos vegetais do Orixá.
Elemento aquático e telúrico: Do ponto natural do Orixá e/ou de ação direta ao chacra que o mesmo haja.
Elemento ígneo: Vela na cor simbólica do Orixá ou fogo ritual feito com elementos do Orixá.
Saudação: Salve Mãe Oroiná.

ORUNGÃ

A expressão divina que surge frente à expressão energo mental pré-cognitiva construtiva que acabará por contribuir com um estado mental saudável.

Quando temos a energia-base do corpo mental em harmonia, é como se uma brisa chegasse a nós, em estado de quietude e frescor.

Pai Orungã é o Orixá da brisa, energia mental em harmonia.

Ele se manifesta vendo tal situação energética e a potencializa, melhorando a qualidade de tal harmonia, que é a base para a produção de êxtase cognitivo.

Êxtase que, por sua vez, produzirá o movimento mental construtivo, trazendo benefício a nós mesmos e ao meio, alimentando nossas virtudes, fazendo com que nossa base mental alcalina produza frutos e não espinhos.

Expressão constituinte: Axé Expressão energo mental pré-cognitiva.
Cor simbólica: Azul claro.
Ponto natural: Brisa.
Elemento vegetal: Vegetação silvestre suspensça, em especial as plantas epífitas ou rupícolas, que possuem pouquíssima energia telúrica e abudante contato com o vento leve, brisa, já que germinam e crescem sobre a casca das árvores, acima do nível do solo.
Elemento aquático e telúrico: Do ponto natural do Orixá e/ou de ação direta ao chacra que o mesmo haja.
Elemento ígneo: Vela na cor simbólica do Orixá ou fogo ritual feito com elementos do Orixá.
Saudação: Salve Pai Orungã.

A expressão divina que surge frente à expressão energo mental cognitiva não discursiva desconstrutiva primária e que acabará por contribuir com um estado mental enfermo.

Sempre que estamos vivenciando um movimento sutil desconstrutivo em nossa fisiologia espiritual, além de darmos passividade, devemos evitar dar energia para que perca força e não amadureça em expressão energo mental anímica desconstrutiva.

Caso formos, de forma ativa, nos colocar contra as emoções desconstrutivas, mesmo sem querer, produziremos tensão e elas poderão receber tensão energética e amadurecer de forma ainda mais forte.

Também quando nos posicionamos de forma ativa de frente a elas, não apenas as observando, mas as bloqueando ou controlando, é como se, de imediato, permitíssemos que o movimento ficasse mais e mais comprimido e tenso, fazendo-nos ficar como que mentalmente ainda mais febris.

Devemos nos familiarizar com as emoções desconstrutivas e, de forma passiva, deixá-las seguir rumo, sem lhes dar energia, a partir de uma perspectiva mais ampla do que a ordinariamente humana, que é condicionada e permeada de preferências e aversões.

É assim que elas naturalmente param de se multiplicar, perdendo vibracionalidade e cessando, não amadurecendo em expressão energo mental anímica desconstrutiva, movimentos negativos em nível de palavras ou gestos.

Quando estamos ausentes em nossa fisiologia sutil, como a circulação mental em nosso corpo mental, que é em si composto de alta energia, pensamentos e emoções, é como se deixássemos nosso corpo mental à mercê da sorte de nossos hábitos que condicionam os movimentos mentais.

Nosso estado de enfermidade mental sem presença consciencial lúcida passiva e sem oferta de energia fica exatamente como uma panela de pressão vedada, deixamos que os conteúdos desconstrutivos surjam e simplesmente fervam, não lhes dando atenção, muito menos a atenção correta, divina.

A partir da manifestação de Pai Aganju, deixamos que os conteúdos desconstrutivos recebam a correta atenção divina, onde possam evitar de queimar nosso ser e levar a acidez da negatividade ao nosso entorno.

Pai Aganju é o Pai Orixá que vê a expressão energo mental cognitiva não discursiva desconstrutiva primária a partir de sua perspectiva divina, sem criar nenhum tipo de julgamento ou observação não correta.

Vê com divina precisão e movimento, reconhecendo, estabelecendo passividade e não dando energia para que o movimento naturalmente perca energia e esgote-se, deixando de se comportar como um vulcão em erupção, que expurga lava, causando devastação, caso seu caminho siga com energia e poder ao seu entorno.

A expressão energo mental cognitiva não discursiva desconstrutiva primária é composta de um movimento formado por Desamor, Medo e Animosidade.

O Desamor gerando Medo e o Medo gerando Animosidade.

Expressão constituinte: Axé Expressão energo mental cognitiva não discursiva primária.

Cor simbólica: Vermelho ou Laranja.

Ponto natural: Vulcão.

Elemento vegetal: Vegetação silvestre aos pés de vulcão.

Elemento aquático e telúrico: Do ponto natural do Orixá e/ou de ação direta ao chacra que o mesmo haja.

Elemento ígneo: Vela na cor simbólica do Orixá ou fogo ritual feito com elementos do Orixá.

Saudação: Salve Pai Aganju.

OTIN

A expressão divina que surge frente à expressão energo mental cognitiva não discursiva construtiva primária e que acabará por contribuir com um estado mental saudável.

Sempre que estamos vivenciando uma emoção construtiva e não demos passividade e energia de apreciação, é como se não os cultivássemos para amadurecer em ação positiva.

Quando não reconhecemos a presença interna de emoções construtivas, somos impossibilitados de dar-lhes brilho, energia de apreciação.

A partir da manifestação de Mãe Otin, damos condições para que o movimento cognitivo não discursivo construtivo floresça e leve o aroma da positividade a todas as direções.

Mãe Otin é a Mãe Orixá que vê a expressão energo mental cognitiva não discursiva construtiva primária, a reconhecendo, estabelecendo passividade e dando energia sutil para que o movimento naturalmente se energize e siga seu rumo; que mesmo sendo sutil como água, seu fluxo tem poder para atravessar árvores, vales e montanhas até chegar ao mar, levando seu potencial de vida ao infinito.

A expressão energo mental cognitiva não discursiva construtiva primária é composta de um movimento formado por Amor, Destemor e Fraternidade.

O Amor gerando Destemor e o Destemor gerando Fraternidade.

Expressão constituinte: Axé Expressão energo mental cognitiva não discursiva primária.
Cor simbólica: Verde e Amarelo.
Ponto natural: Rios que passam por montanhas.
Elemento vegetal: Vegetação silvestre a beira de rio de grande movimento.
Elemento aquático e telúrico: Do ponto natural do Orixá e/ou de ação direta ao chacra que o mesmo haja.
Elemento ígneo: Vela na cor simbólica do Orixá ou fogo ritual feito com elementos do Orixá.
Saudação: Salve Mãe Otin.

A expressão divina que surge frente à expressão energo mental cognitiva não discursiva desconstrutiva secundária/derivada e que acabará por contribuir com um estado mental enfermo.

Pai Alufan é o Pai Orixá da tempestade vulcânica, que jorra raios e trovões, associado com a cor branca do clarão dos raios e com a cor prata que é a luz do branco dos raios sobre o cume do vulcão em erupção.

É o Pai Orixá que vê a expressão energo mental cognitiva não discursiva desconstrutiva secundária, a reconhecendo, estabelecendo passividade e não dando energia para que o movimento naturalmente perca energia e se esgote, deixando de se comportar como uma tempestade infernal.

Lembremos que a expressão energo mental cognitiva não discursiva desconstrutiva primária é composta de um movimento formado por Desamor, Medo e Animosidade.

O Desamor gerando Medo e o Medo gerando Animosidade.

Cada um desses três movimentos cognitivos não discursivos desconstrutivos primários gera movimentos cognitivos não discursivos desconstrutivos secundários/derivados. São eles:

A partir do Desamor (ausência de amor/impotência, insegurança, instabilidade e obstacularidade) surge a carência, da carência surge o ciúme e do ciúme surge a inveja.

Também a partir da carência surge desânimo, do desânimo surge a tristeza, da tristeza surge a angústia, da angústia surge a falta de esperança (ausência de aspiração elevada) e da falta de esperança surge a melancolia.

A partir do Medo (limitação e desconhecimento do que está em seu entorno – por não manifestarmos amor, não vemos direito o "outro" e quando vemos, geralmente vemos sua negatividade expressa) surge a inquietação, da inquietação surge a ansiedade, da ansiedade surge a irritação, da irritação surge a raiva e da raiva surge a ira.

A partir da Animosidade surge intolerância, da intolerância surge a mágoa, da mágoa surge o rancor, do rancor surge o sentimento de vingança e punição, juntamente com o ódio, e do ódio surge a cólera.

Também a partir da intolerância surge a culpa (noção de responsabilidade por uma ocorrência negativa e autopunição por tal ocorrido), da culpa surge o remorso, do remorso surge a agonia e da agonia surge o desespero.

Expressão constituinte: Axé Expressão energo mental cognitiva não discursiva derivada.

Cor simbólica: Prata ou Branco.

Ponto natural: Tempestade vulcânica.
Elemento vegetal: Vegetação silvestre em corpo de vulcão.
Elemento aquático e telúrico: Do ponto natural do Orixá e/ou de ação direta ao chacra que o mesmo haja.
Elemento ígneo: Vela na cor simbólica do Orixá ou fogo ritual feito com elementos do Orixá.
Saudação: Salve Pai Alufan.

AKURÁ

A expressão divina que surge frente à expressão energo mental cognitiva não discursiva construtiva secundária/derivada e que acabará por contribuir com um estado mental saudável.

Mãe Akurá é a Mãe Orixá da espuma do mar, que surge como resultado do rio que passa pela vegetação rica da flora de água doce e chega ao mar, dando origem à flora e à fauna marinhas.

Flora e fauna que respiram e que morrem, que ciclam e que produzem espuma, sinal de rica vida marinha.

Esta Orixá aparece coberta de plâncton e matéria orgânica, de braços abertos em meio à espuma.

É a Mãe Orixá que vê a expressão energo mental cognitiva não discursiva construtiva secundária, a reconhecendo, estabelecendo passividade e dando energia sutil para que o movimento naturalmente se energize e siga seu rumo, produzindo biodiversidade de águas doces e marinhas, trazendo benefícios ao seu caminho, caso siga com brilho, energia de apreciação, em todas as direções.

Lembremos que a expressão energo mental cognitiva não discursiva construtiva primária é composta de um movimento formado por Amor, Destemor e Fraternidade. O Amor gerando Destemor e o Destemor gerando Fraternidade.

Cada um desses três movimentos cognitivos não discursivos construtivos primários gera movimentos cognitivos não discursivos construtivos secundários/derivados. São eles:

A partir do Amor surge a empatia e da empatia surge a apreciação.

Também a partir da empatia surge o ânimo, do ânimo surge a alegria, da alegria surge o encantamento, do encantamento surge a esperança (presença de aspiração elevada) e da esperança surge o entusiasmo.

A partir do Destemor (poder, segurança, estabilidade e desobstacularidade advindos de podermos incluir o "outro", independente de sua negatividade expressa) surge a tranquilidade, da tranquilidade surge a quietude, da quietude surge a serenidade e da serenidade surge o bem-estar.

A partir da Fraternidade surge a tolerância, da tolerância surge o perdão, do perdão surge o sentimento de engajamento em amparo, juntamente com o sossego, do sossego surge a brandura e da brandura surge a bem-aventurança.

Expressão constituinte: Axé Expressão energo mental cognitiva não discursiva derivada.

Cor simbólica: Azul e Branco.

Ponto natural: Espuma do mar.

Elemento vegetal: Flora marinha em geral.

Elemento aquático e telúrico: Do ponto natural do Orixá e/ou de ação direta ao chacra que o mesmo haja.

Elemento ígneo: Vela na cor simbólica do Orixá ou fogo ritual feito com elementos do Orixá.

Saudação: Salve Mãe Akurá.

AYRÁ

A expressão divina que surge frente à expressão energo mental cognitiva discursiva desconstrutiva e que acabará por contribuir com um estado mental enfermo.

Os pensamentos surgem da autopluricriação da consciência; surgem e se dissipam, sua proliferação não tem estruturação, a não ser o impulso por causalidade referencial sutil, tornando-os inúteis quando não utilizados com a razão.

Pai Ayrá é o Pai Orixá do furacão.

Consciência Divina que vê a expressão energo mental cognitiva discursiva desconstrutiva, de forma passiva não oferta energia à mesma, para que ela naturalmente se esgote, deixando de se comportar como um furacão que, mesmo sendo insubstancial como vento, pode causar devastação, caso seu caminho siga com energia e poder em direção à costa.

Expressão constituinte: Axé Expressão energo mental cognitiva discursiva.
Cor simbólica: Azul escuro.
Ponto natural: Tornados, furacões, ciclones ou tufões.
Elemento vegetal: Vegetação silvestre de áreas costeiras em zonas tropicais, que germinaram com vento quente e sobre áreas que já foram imantadas com a energia de furacões, cicolnes, tufões ou tornados. O vento seria quente em litoral em que o oceano possui superfície em temperatura acima de 25 graus celsius durante o dia em que a planta recebe as informações do ambiente diurno.
Elemento aquático e telúrico: Do ponto natural do Orixá e/ou de ação direta ao chacra que o mesmo haja.

Elemento ígneo: Vela na cor simbólica do Orixá ou fogo ritual feito com elementos do Orixá.

Saudação: Salve Pai Ayrá.

A expressão divina que surge frente à expressão energo mental cognitiva discursiva construtiva e que acabará por contribuir com um estado mental saudável.

Mãe Sinsirá é a Mãe Orixá do vento suave que chega aos campos e florestas. É a Mãe Divina que vê a expressão energo mental cognitiva discursiva construtiva.

Estabelece passividade e dá energia sutil para que o movimento naturalmente se energize e siga seu rumo, que, mesmo sendo insubstancial como o vento, pode levar pólen e sementes ao infinito, produzindo árvores, flores e frutos, trazendo benefícios ao seu caminho, caso siga com brilho, energia de apreciação, em todas as direções.

Expressão constituinte: Axé Expressão energo mental cognitiva discursiva.
Cor simbólica: Azul claro.
Ponto natural: Vento.
Elemento vegetal: Vegetação silvestre em áreas abertas, vegetação arbustiva e rasteira.

Elemento aquático e telúrico: Do ponto natural do Orixá e/ou de ação direta ao chacra que o mesmo haja.

Elemento ígneo: Vela na cor simbólica do Orixá ou fogo ritual feito com elementos do Orixá.

Saudação: Salve Mãe Sinsirá.

A expressão divina que surge frente à expressão energo mental anímico-verbal construtiva e que acabará por contribuir com um estado de relação saudável.

O verbo surge a partir de uma expressão da consciência, dotada de energia, que passará pelos hábitos, emoções e pensamentos.

Pensamentos que surgem da autopluricriação da consciência, em um movimento de surgimento e dissipação, sem estruturação, a não ser o impulso por causalidade referencial sutil, tornando-os úteis quando utilizados com a razão, fazendo com que, sempre que tenhamos razão antes de nossa fala, tenhamos uma fala igualmente útil e construtiva.

Posicionando-nos de forma ativa, de frente à ação verbal, podemos receber energia e efetividade.

A melhor fala é aquela que tem o intuito de colaborar e trazer benefício lúcido e real ao outro.

De forma muito corriqueira falamos sem saber do que falamos; de forma mais crítica, falamos sem saber se aquilo que falamos é ou não construtivo e, mais crítico ainda, é que nem sequer refletimos.

Não trazemos a razão para nosso verbo, nem ao menos vemos se o silêncio não é a melhor ação.

Não consideramos a possibilidade de o ouvir ser a melhor forma de fazer o outro descarregar sua energia consciencial para que, em um outro momento, de forma racional, possamos realizar a ação de fala e o outro, então, poder recebê-la sem se bloquear ou explodir internamente.

Quando não reconhecemos a presença da fala construtiva enquanto estamos realizando-a, somos impossibilitados de saber como regá-la.

Uma vez que a reconheçamos como construtiva, de forma ativa ofertamos energia para ela seguir seu rumo e ser mais enriquecedora.

Tendo frescor a cada conversa, possibilitando tanto a fala com som quanto a sem som, o silêncio, ser apreciada e utilizada em um espaço de possibilidades infinito de diálogo naturalmente benéfico.

Mesmo que tenhamos os impulsos de nossos hábitos em uma conversa, podemos fazer o novo de novo, a cada diálogo, como se fosse o primeiro, e o primeiro como se fosse o mais precioso, com curiosidade, leveza, jovialidade e frescor, a cada troca de palavras, independente de quem for ou há quantos anos conheçamos nosso interlocutor.

Sabemos que precisamos olhar com razão a nossa fala, contribuindo com energia para a mesma brilhar de forma benéfica em cada situação, como se cada situação fosse uma flor a receber o néctar do perfeito momento de florescer.

Pai Okô é o Orixá que toca flauta para as abelhas ficarem felizes, polinizarem e propiciarem vida à mata, ao campo.

Orixá da semeadura e da agricultura.

O som amigo e construtivo, ele com seu cachorro ao lado, toca a flauta de forma bela e doce, tendo um chicote de ouro, dando preciosidade nobre para a ferramenta de trabalho que coordena os movimentos daquele que guarnece a plantação de animais selvagens.

O Pai Orixá do som construtivo, do verbo belo, aquele que surge em meio às flores com abelhas, a divina semeadura.

A consciência divina que vê a expressão energo mental anímico-verbal construtiva, a reconhecendo, dando energia para que o verbo em movimento não apenas cirurgicamente polinize como também traga fartura a todos e novas flores e frutos venham desse nobre som.

Expressão constituinte: Axé Expressão energo mental cognitiva anímico verbal

Cor simbólica: Amarelo e Verde.

Ponto natural: Áreas silvestre com abundância de flores e presença de abelhas

Elemento vegetal: Toda flor silvestre e de campo, em especial as que surgem após a colheita de plantação.

Elemento aquático e telúrico: Do ponto natural do Orixá e/ou de ação direta ao chacra que o mesmo haja.

Elemento ígneo: Vela na cor simbólica do Orixá ou fogo ritual feito com elementos do Orixá.

Saudação: Salve Pai Okô.

FUNAN

A expressão divina que surge frente à expressão energo mental anímico-verbal desconstrutiva e que acabará por contribuir com um estado de relação enfermo.

Mãe Funan é a que reconhece o verbo impuro, o som do vento que passa pelo bambuzal.

O lendário vento que sopra e produz o assovio que sempre chega aos funerais ou premedições de morte na aldeia, afinal, o bambu é oco, o centro do bambuzal é o vazio do vazio, o outro lado da vida.

Assovio que é como um aviso, um sinal de que o outro lado está chamando o viajante, aquele que está retornando para lá, que está morrendo ou já morreu. Esta é a associação.

Eventos que culturalmente levaram a se comungar com a noção de o som do bambuzal ser o som da morte, som impuro, som a ser reconhecido como algo não favorável.

A cada verbo desconstrutivo que realizamos, é como se de nossa boca soasse o som do vento do bambuzal, o assovio da morte, o som que deve ser reconhecido como tal, e sendo nós seus originadores, não deveríamos mais realizá-lo.

Posicionando-nos de forma ativa, de frente à ação verbal, não apenas a observando, mas a bloqueando ou controlando, podemos impedir que ela tome força e perca o controle.

Mãe Funan é a Mãe Orixá que vê a expressão energo mental anímico-verbal desconstrutiva, a senhora do som da morte.

Expressão constituinte: Axé Expressão energo mental cognitiva anímico verbal
Cor simbólica: Amarelo e Azul.
Ponto natural: Vento que passa por áreas de grandes bambuzais.
Elemento vegetal: Folhas de bambu em suas mais de 1000 espécies.
Elemento aquático e telúrico: Do ponto natural do Orixá e/ou de ação direta ao chacra que o mesmo haja.
Elemento ígneo: Vela na cor simbólica do Orixá ou fogo ritual feito com elementos do Orixá.
Saudação: Salve Mãe Funan.

A expressão divina que surge frente à expressão energo mental anímico-gestual desconstrutiva e que acabará por contribuir com um estado de relação enfermo.

Quando não reconhecemos a presença da agressividade de corpo, é como se ficássemos à mercê de nossos hábitos.

Uma vez que reconheçamos uma expressão energo mental anímico-gestual como desconstrutiva, de forma ativa a impedimos de se fortificar e se tornar mais e mais agressiva.

Pai Xapanã surge dançando em meio às chagas, seu corpo marcando o compasso da expressão gestual que é doente e faz adoecer.

O movimento da morte, o tipo de elaboração corporal que deve ser reconhecida para não mais ser realizada, afinal, somos nós mesmos que sentimos, em nossa pele purulenta e ferida, os males da dança nefasta que estamos a realizar.

A partir da manifestação de Pai Xapanã, temos o poder de paralisar a expressão energo mental anímico-gestual desconstrutiva.

Expressão constituinte: Axé Expressão energo mental cognitiva anímico gestual
Cor simbólica: Preto ou Marrom.
Ponto natural: Áreas de superfície e subsolo que sejam muito absorventes como pântanos que perderam água e são movediços bem como cheios de galhos e raízes em decomposição. O mesmo vale para área de superífie e subsolo secas que sejam cheias de raízes de árvores mortas e vegetais em decomposição.
Elemento vegetal: Vegetação silvestre de subsolo em especial os que já estejam em decomposição.
Elemento aquático e telúrico: Do ponto natural do Orixá e/ou de ação direta a chacra que o mesmo haja.
Elemento ígneo: Vela na cor simbólica do Orixá ou fogo ritual feito com elementos do Orixá.
Saudação: Salve Pai Xapanã.

A expressão divina que surge frente à expressão energo mental anímico-gestual construtiva e que acabará por contribuir com um estado de relação saudável.

Mãe Sobá é a Mãe Orixá que aparece em meio à onda realizando artesanato com as preciosidades do mar, a ação mais útil e benéfica que podemos fazer é simbolizada com a produção da arte que pode beneficiar tanto a mim quanto a todos.

Ela vê a expressão energo mental anímico-gestual construtiva de forma ativa, ofertando energia para seguir se movendo como uma arte a ser apreciada.

É através da manifestação de Mãe Sobá que damos energia aos gestos construtivos, trazendo beleza ao meio.

Expressão constituinte: Axé Expressão energo mental cognitiva anímico gestual
Cor simbólica: Branco e Azul.
Ponto natural: Em recifes de corais.
Elemento vegetal: Flora marinha em meio a recifes de corais.
Elemento aquático e telúrico: Do ponto natural do Orixá e/ou de ação direta ao chacra que o mesmo haja.
Elemento ígneo: Vela na cor simbólica do Orixá ou fogo ritual feito com elementos do Orixá.
Saudação: Salve Mãe Sabá.

Comunhão íntima com as Sete Linhas

Agora que já lemos sobre os Orixás, falaremos a respeito da prática de comunhão íntima com as Sete Linhas. É a prática que realizamos após a leitura do Orixá que estamos apreciando. A leitura corresponde à Teoria sobre o Divino, o cultivo corresponde à prática do Divino. Veja que a diferença de teoria e prática é tão grande quanto é grande a diferença de ler um cardápio e almoçar – o cardápio não substitui o almoço.

Esta prática é realizada tanto de forma retirada e solitária quanto engajada e misturada com o dia a dia. As duas fazem parte do mesmo corpo de prática, são complementares, indissociáveis e essenciais. Trata-se de uma contemplação na qual se observa algo, a começar com nós mesmos, a partir de uma expressão divina, um olhar divino, o olhar do Orixá. Geralmente, o alvo desta prática somos nós mesmos, pois tudo que vemos em uma experiência íntima reflete em tudo que formos experimentar. Basta contemplar nós mesmos, a humanidade, os demais seres ou a natureza a partir das expressões divinas, puras, de Deus. Para tal, siga o seguinte roteiro:

Primeiramente, aprecie o texto (leia e reflita) sobre determinado Orixá dentro da lista de 44 Orixás. Depois:

1°) Expresse o Orixá. Na verdade, ele já está aqui disponível, por isso familiarização. Passe a se ver como o Orixá veria. Neste caso, o alvo da contemplação somos nós mesmos.

2°) Naturalmente, contemple você mesmo a partir do Orixá manifestado, veja como ele vê diferentes aspectos desta integralidade existencial, com visão, aspiração e axé divinos que surgirão ao longo da manifestação do Orixá frente ao que você estará observando: você mesmo. Quando estamos manifestando cada Orixá com suas características específicas, nós, de forma natural, vendo de forma divina nossas expressões mundanas (as dificuldades de visão, aspiração e axé), ao olharmos para os outros, nos tornamos mais pacientes e também entusiasmados, pois mesmo sabendo que todos passam por dificuldades conscienciais, vitimados pelo axé em desarmonia e por falhas abismais de amor e fraternidade em comunhão com obediência cega a hábitos negativos desta e de outras encarnações, temos agora a certeza de que a possibilidade de manifestação de amor fraterno e sabedoria é possível e aplicável por todos. Ao sabermos o que estamos fazendo, sentindo e raciocinando a partir das expressões divinas, prismas mais amplos, estáveis, sem autocentramento e tendências restritas às preferências de um psiquismo turvo, já iniciamos o processo de aplicarmos, de forma hábil e estável, a caridade umbandista por nós mesmos, umbandistas, assim como nossos guias que também são umbandistas o fazem. Ao vermos, por exemplo, nossa negatividade a partir de Pai Exu, não surgem mais justificativas para elas, nem sequer a antiga autopunição ou qualquer coisa do gênero; ao invés disso, surge uma dimensão profunda de compreensão, aceitação e inclusão de benefício imediato, amparo profundo e irreversível.

Dicas sobre a prática da familiarização: não controlar, não julgar e não forçar, o que nos garante estabilidade e nobreza.

Ao realizarmos expressão divina, que simplesmente ver a expressão divina que já estava ali e não víamos, devemos observar a realidade a partir dela. Durante todo o processo deve ser observado o não controlar, não julgar e não forçar.

O não controlar se faz válido a fim de que não tenhamos o impulso de querer controlar os movimentos à volta, quando em verdade observamos com clareza o que já está ali, sem precisar alterar, liberamos espaço de aceitação e receptividade para o que o vemos, independente de o que seja.

O não julgar se faz válido a fim de que não caiamos na dicotonomia, dualidade ou separatividade que é sem lucidez, permanecendo, em vez disso, em uma condição lúcida e divina, em trono divino que nos coloca de forma mais ampla, mais alta e mais estável com o que estamos vendo.

O não forçar se faz válido para que não congestionemos o fluxo de nossas energias e interrompamos o crescimento exponencial de nosso axé enquanto o mesmo está desabrochando, purificando e fortalecendo-se.

A prática da familiarização com as Sete Linhas leva o que está escrito no papel a ser comprovado pela nossa própria experiência. É a partir dela que nos familiarizamos com estas profundas e ao mesmo tempo tão superficiais dimensões essenciais e sofisticadas de existência que nunca havíamos testemunhado, os Pais e as Mães Orixás vivos, possíveis de serem experienciados e verificados aqui e agora, de forma útil, realista, benéfica, profunda, palpável por todos e com benefício a todos, independente de condicionamentos religiosos ou de crença. É uma prática de sabedoria e amorosidade fraterna da religião de Umbanda, que anda lado a lado como evangelho e que nos dá condições de manifestarmos nosso espírito para a prática da caridade.

Comunhão ritual com as Sete Linhas

Através de uma singela oferta de velas com fitas, flores, frutos, sementes, líquidos, folhas, pontos riscados e aspiração salutar, realizamos comunhões ritualísticas com as sete linhas, sempre combinadas com a comunhão íntima para ser uma comunhão genuína e não apenas um protocolo ritualístico.

Estas ofertas são singelas, pois não são feitas em grande quantidade e o ponto principal das mesmas é vê-las como um florescimento do amor fraterno, possuindo na comunhão qualidades de visão, aspiração e axé divinos. A dinâmica estrutural de comunhão ritual com as Sete Linhas é constituída de sete passos. São eles:

0) As 7 Saudações:

0.0 - Cantar a Olorum ao entrar no local que estamos determinando como sagrado;

0.1 - Saudar as Sete Linhas de Umbanda;

0.2 - Saudar o Orixá ao já ter entrado no local que estamos determinando como sagrado;

0.3 - Saudar todos os falangeiros de Umbanda;

0.4 - Saudar o senhor Caboclo das Sete Encruzilhadas;

0.5 - Saudar o guardião do local que estamos determinando como sagrado e pedir licença para trabalho;

0.6 - Saudar a guardiã do local que estamos determinando como sagrado e pedir licença para trabalho;

0.7 - Saudar os seres elementais que possam estar no local que estamos determinando como sagrado.

Observação: não há a necessidade de se pedir licença ao Orixá. Somos filhos de Deus e todo o Universo é nossa casa, apenas saudamos em sinal de respeito pela comunhão, sendo o pedido de licença apenas necessário aos guardiões do local devido à utilização da contraparte sutil deste ambiente na geografia extrafísica que provavelmente já existe ou existiu operação frequente ou infrequente.

1) Local para apresentação da comunhão: bandeja, folha grande, diretamente no chão, encima de uma toalha da cor do Orixá e/ou Guia, ou em ponto riscado.

2) Elemento vegetal e/ou aquático: erva, semente, fruto e/ou flor em estado físico ou líquido.

A bioenergia da erva é madura e concentrada, da semente é jovem e potencializada, do fruto é madura e de ação profunda, da flor é madura e extremamente purificadora.

Se possível, utilizar uma flor que já esteja ao chão, plantada, desta forma, a oferenda é feita usando a flor como ponto de referência, o mesmo pode ser feito no quesito árvore. Caso não haja nem flor, nem árvore plantada, aconselha-se plantar uma muda da flor ou árvore específica e então realizar o trabalho.

Todas as sementes são melhor ofertadas se germinadas, de molho em água doce por aproximadamente 8 horas, desta maneira, a semente é acordada, sua bioenergia potencializada e quando colocada ao chão (sementes sempre vão ao chão e não em bandeja ou folha) as mesmas ainda podem a vir crescer e se desenvolver por um tempo multiplicando o tempo de ação das energias da comunhão, proporcionando também vida, independentemente do tempo que ela for se manifestar.

Caso você não tenha sementes apropriadas, independente de qual comunhão que vá fazer, aconselhamos também o uso da semente de trigo, semente poderosa que remete a Cristo e que o povo judaico, incluindo os essênios, há muito tempo já dominava sua utilização.

3) Elemento mineral e/ou aquático: pedra (em estado físico ou líquido, como em elixir) e/ou Pemba (em forma integral, pilada ou em pó).

A bioenergia da pedra é sempre madura, estável e de longa duração, a da Pemba é sempre madura e estável, porém de curta duração.

OBS: Recipiente no caso de líquidos – preferencialmente natural, como uma casca de maracujá ou coco.

4) Elemento ígneo: elemento fogo de queima constante e controlada.

Preferencialmente fogueira, podendo ser vela, preferencialmente na cor do Orixá

5) Comunhão com os elementais: todo o umbandista, se tiver disponibilidade de tempo, deve aprofundar e realizar as práticas que desejar, uma comunhão formal com os elementais respectivos

seria uma boa dica. A explicação de como realizá-la encontra-se no segundo volume da Série Coração de Umbanda – O Divino Florescer.

6) Verbo: ponto cantado e/ou oração.

Normalmente realiza-se o ponto de Olorum e/ou Orixá em questão.

7) Acuidade mental e/ou incorporação de falangeiro

Não conseguimos, de forma proveitosa, sequer estar em um ambiente na natureza caso estivermos poluídos com ruídos mentais, movimentos emocionais desconstrutivos e energia descompassada.

Aconselhamos a imposição das duas mãos com os dedos entrelaçados na altura do abdômen ou até 5 dedos abaixo do umbigo, respirar profundamente estendendo a expiração de maneira que a inspiração surja natural, faça com que seus antebraços encostem nos seus chacras hepático e esplênico, suas mãos no chacra sacro, relaxe seu abdômen e permita-o estender durante a respiração assim como corretamente os bebês fazem, movimentando todo o chacra gástrico.

Após a soltura da tensão física e energética, apenas esteja ciente da respiração e deixe que o relaxamento torne-se bem-estar através da melhor harmonização de sua energia. Mais tarde, quando a respiração se tornar muito sutil, permita soltar a atenção repousada em seu fluxo e permaneça apenas repousado no fluxo natural da apreensão. Aconselhamos no mínimo uma hora de acuidade mental antes de iniciar a comunhão de fato, que se dá realizando a comunhão íntima com as Sete Linhas.

Caso o umbandista assim deseje, após a comunhão íntima, pode-se cantar pontos de incorporação para que os falangeiros específicos dos Orixás ou demais de Umbanda possam incorporar e amadurecer a visão, aspiração e axé divinos já manifestados durante a comunhão com as Sete Linhas e possam, a partir do escoamento de sua energia vital no ato de incorporação, trazerem benefício a espíritos necessitados na dimensão astral, nem que seja na produção de Enectos (enxertos ectoplasmáticos) tão comuns em processos de cura e restituição de corpos de sofredores e que podem ser realizados de forma mais hábil durante a noite sem a exposição solar direta.

Afim de esclarecer, também acrescentamos que qualquer elemento ofertado e ativado em sua contraparte pode ser recolhido de imediato, porém, afim de potencializar seu uso, pode-se deixar agindo por até 130 minutos, tempo para a plenitude de exposição da bioenergia ativada em circulação ocorrer em sua contraparte etérica.

Respeito a natureza é em si um item básico da comunhão com Deus e os Pais e Mães Orixás. Toda e qualquer oferenda, comunhão ou trabalho que seja feito nos sítios naturais devem ter seus elementos recolhidos após a oferta, mesmos que os elementos sejam em sua quase totalidade naturais como é aconselhado, ainda há elementos que não são. Muitas oferendas de umbandistas contêm copos plásticos, garrafas de vidro, panos, velas, fitas etc. Devemos recolhê-las, tudo que é orgânico fica como oferenda ao solo e a vida da floresta ou do campo, caso o sítio natural e seus administradores permitam, no caso do mar, enterra-se fundo os elementos orgânicos dando alimento aos pequenos animais – caso seus administradores permitam, os artificiais e poluentes jamais devem ficar e nenhum elemento deve ir ao mar.

Retomamos que as ofertas discorridas nesta obra possuem as velas e fitas como elemento, sendo que a cera (parafina), bem como muitas fitas são plastificadas. Estes elementos são advindos do petróleo e, portanto, poluentes.

ANEXOS

A última mensagem do Sr. Caboclo das Sete Encruzilhadas

Eis a última mensagem do Sr. Caboclo das Sete Encruzilhadas através de Zélio de Moraes, gravada por Ronaldo Linares:

"Meus irmãos,

sejam humildes. Tragam o amor no coração, para que vossa mediunidade possa receber espíritos superiores, sempre afinados com as virtudes que Jesus pregou na Terra, para que os necessitados possam encontrar socorro nas nossas casas de caridade. Aceitem meu voto de paz, saúde e felicidade com humildade, amor e carinho."

Biografia de Pai Benedito de Aruanda

Pai Benedito de Aruanda, originalmente chamado de Azvalon Miathrestu, é um espírito labutante da religião de Umbanda. Atua na linha de pretos-velhos, regido por Mãe Iemanjá em entrecruzamento vibratório com Pai Oxalá.

Dirigiu ao lado do espírito Madre Francisca o Instituto Cristão Luz Divina - Órgão educacional umbandista, situado no edifício 323 na rua dos Alfaiates, em frente à humilde praça fundada pelos ruivos relojoeiros na metrópole Aruanda, desde sua fundação em meados de 1700 até 2014. Tempo em que também cumpriu tarefas educacionais e amparadoras nos Hospitais Frei Luiz, Coração de Maria, Grande Coração e Morada de Maria, este último localizado na Colônia Menino Jesus, no estado do Paraná.

Em 22 de Novembro de 2014 passou a agir de forma mais intensa na recém ativada cidadela espiritual de pequeno porte Novo Mundo, renomeada desta forma em homenagem ao Novo Mundo "América" onde se encontra os índios, europeus e africanos, bem como orientada a transição planetária ao "Novo Mundo" de regeneração. Cidadela dedicada exclusivamente à adaptação e relocação extra e intrafísica de consciências advindas de outros orbes, alguns originados das Nuvens de Magalhães de onde também é oriundo, bem como treinamento especializado de amparadores extrafísicos, falangeiros de trabalho e guias.

Pai Benedito de Aruanda fora uma das diversas consciências desbravadoras do movimento religioso Umbanda a aproximadamente três séculos na dimensão astral, bem como foi uma primeiras centenas de consciências fundadoras da Fraternidade da Cruz e do Triângulo ao lado de Ramatís, Ananda, Arhihanna e dezenas de outras consciências, mesmo que nunca ocupara posições de responsabilidade nesta egrégora, fazendo parte então do conselho de consciências regentes de uma egrégora irmã chamada G.O.D.U - Grande Oriente do Universo (O Grande Oriente da África), original do no norte oriental da África – Egito; egrégora que física e extrafisicamente acabara migrando para o que hoje temos como Chad, Nigéria, Benin, Togo, Gana, República Democrática do Congo, Congo e finalizando em Angola. Hoje ela se encontra presente na América do Sul, em especial no Brasil.

Iniciando suas atividades de amparo no globo através da Organização mundial chamada Semeadores da Paz, composta em igual parte por espíritos de todo o planeta cumprindo o papel de socorristas e educadores no movimento de reurbanização extrafísica.

Pai Benedito de Aruanda psicografou e ditou a Teologia de Umbanda que representa através de Tata Lobo, em uma abordagem progressiva consciencial, amplamente divulgada em 7 livros Teológicos compondo com sucesso a série teológica Coração de Umbanda, bem como em paralelo coordenando mais de 30 retiros na sede rural própria do Centro Teológico de Umbanda Luz Divina, culminando em uma grande e continuada avaliação dos estudos e práticas de Umbanda.

Descrição extrafísica:

Tendo uma apresentação extrafísica com altura em torno 1,70 m, aparentando idade entre 60 e 70 anos, pele negra, cabelos brancos crespos próximos à cabeça, barba e bigode brancos rentes ao rosto, olhos azuis claros geralmente muito abertos, frequentemente vestindo uma calça social antiga de cor azul marinho, cinto cor marrom, camisa clara cor bege, um colar de tonalidade luminosa azul clara com um pingente também azul feito de dois números oito em um arranjo de cruz dentro de um círculo, musculatura ativa notando-se discreta saliência de seu peitoral, não grande mas justo e composto, bem como de seus ombros e antebraço; sua presença extrafísica geralmente traz junto o aroma de anis, por vezes, menos frequente, o aroma de malva silvestre.

Obras indicadas para o estudo da história da religião de Umbanda:

CUMINO, Alexandre. *História da Umbanda, uma religião brasileira*. Editora Madras.

TRINDADE, Diamantino Fernandes. *História da Umbanda*, volumes I e II. Editora do Conhecimento.

___. *Construção histórica da literatura umbandista*. Editora do Conhecimento.

___. *Antônio Eliezer Leal de Souza, o primeiro escritor da Umbanda*. Editora do Conhecimento.

IMPRESSÃO:

Santa Maria - RS - Fone/Fax: (55) 3220.4500
www.pallotti.com.br